Los milagros existen
y para poder ser parte de ellos
debemos ubicarnos
en sintonía con el universo
y con nuestros guías espirituales.

YOHANA GARCÍA

YOHANA GARCÍA

FRANCESCO

UNA VIDA
ENTRE EL CIELO
Y LA TIERRA

EDITORIAL
PAX MÉXICO

EL LIBRO MUERE CUANDO LO FOTOCOPIAN

෨ ෬

COORDINACIÓN EDITORIAL: Matilde Schoenfeld
PORTADA: Sergio García Castillo

© 2005 Editorial Pax México, Librería Carlos Cesarman, S.A.
          Av. Cuauhtémoc 1430
          Col. Santa Cruz Atoyac
          México D.F. 03310
          Teléfono: 5605 7677
          Fax: 5605 7600
          Correo electrónico: editorialpax@editorialpax.com
          Página web: www.editorialpax.com

Tercera reimpresión, 2005
ISBN 968-860-777-0
Reservados todos los derechos
Impreso en México / *Printed in Mexico*

Índice

Esta obra se terminó de imprimir
en enero de 2006, en los Talleres de
IREMA, S.A. de C.V.
Oculistas No. 43, Col. Sifón
C.P. 09400, Iztapalapa, D.F.

Prólogo

Si hubiera tenido que escribir este prólogo tan sólo habiendo leído el texto de Yohana García, ante la bella sorpresa de encontrar temas del alma expresados con profunda compasión, además de la fluidez y el encanto con que son narrados, éste no hubiera variado; yo me habría perdido lo que ahora sí puedo decir que tengo: la dicha inmensa de conocer a esta mujer sabia y noble, y de considerarme su amigo.

Entre los muchos seres luminosos que hemos descubierto en este último trayecto vital, gracias a la existencia de *"Un mundo mejor"*, Yohana ocupa un sitio altísimo, ganado a fuerza del amor incondicional y de la generosidad con que, siempre y en todo lugar, nos dio lo mejor de sí misma. Y eso fue ciertamente mucho, todo el tiempo.

Yohana habla y embellece cualquier tema sobre el que se le pregunte, sin descartar obviamente la gravedad de muchas de esas inquietudes. Tiene el don de hacer fácil la comunicación entre las personas y de darle a cada una lo que parece estar esperando como contención de afecto y valorización individual.

No hay lugar, que hayamos recorrido, donde no nos digan cuán honda emoción y profundo placer les causa escuchar a esta mujer tan joven, que despliega un arco iris de elementos, para que todos puedan intuir que, en algún punto de esa exposición, estamos todos representados, y que la forma de aceptar hechos, de apartar sufrimientos y crecer y de convertir la evolución en gozo es una bendita responsabilidad y derecho que debemos practicar, con absoluta convicción sobre nuestra naturaleza divina.

Yohana nos regala su libro que tiene un pie en la Tierra y otro en el Cielo. Un pie en las primeras gotas de lluvia y otro en el océano abierto e infinito. Yohana nos habla de incertidumbres y revelaciones. De sufrimientos elegidos y de la posibilidad rápida de liberarse de ellos. Nos cuenta las maravillosas etapas de la liberación como único camino consciente de plenitud.

Yohana nos pinta un perfecto retrato de cielos y purgatorios; pero apuntando en cada línea, con la emoción más genuina e incluso con humor, a que sepamos que la gracia divina está viniendo vertiginosa, desbordada de retribuciones, para quien se entrega a ella con devoción y fe.

Yohana nos habla del tránsito de un alma. Del camino que conduce, una y otra vez, al aprendizaje, que se cierra cuando nos ganamos el éxtasis merecido.

Su libro nos enseña a no temer a la muerte y abrazar la existencia en plenitud; en concreto, a convertirnos en dueños de nuestras acciones, entendiendo hacia dónde van dirigidos y hacia dónde regresan, en instacia automática y final.

El texto del alma de Yohana nos permite escuchar la voz de la conciencia y expandir el corazón y la mente, para que la energía fluya en plenitud hacia lo mejor de nosotros mismos.

¡Qué dicha leer sus páginas y sentirnos parte de esa aventura, que ya tantas veces habremos vivido y a la que quizás debemos regresar, claro que cada vez más con elementos rotundos que nos permiten comprender la verdadera felicidad!

Ojalá el lector disfrute la poesía que emana de cada idea y la coherencia del relato. Seguramente inspiraron a Yohana seres de luz que, desde su plano evolutivo, asisten a otros que estamos dormidos, para que podamos recuperarnos de la amnesia y despertemos con rapidez, recordando que se trata de estar vivos.

CLAUDIO MARÍA DOMÍNGUEZ

Agradecimientos

Escribir un libro es algo parecido a gestar un hijo.

En este nuevo camino que acabo de emprender tuve la suerte de tener cerca a muchas personas lindas que me han acompañado.

Mil gracias a mi querida familia por ser el pilar en mi vida.

A Robert, mi hijo mayor, que es un ser con una luz que me ilumina el alma, y a Christian, mi chiquito, que para todo tiene una sabia respuesta.

A mis padres, Mabel y Ernesto, por todo lo que son.

Agradezco a Estela Villagra, mi amiga incondicional, y a María del Carmen, quien con mucho cariño le dio forma a Francesco.

Agradezco a mis pacientes por seguir confiando en mí y por dejarme entrar a ser parte de sus vidas.

Y gracias por existir a mi madre espiritual Sylvia Dolores Casarin, y a Mariano Osorio, por ser la maravillosa persona que ayudó a darle a Francesco vida propia.

A las hermosas personas que se acercan para compartir la misión de mi vida. Y por encima de todo a Francesco, por dictarme al oído su vida en el cielo.

Desde que nació Francesco no deja de sorprenderme la cantidad de señales que he recibido del propio Francesco; todo lo que pueda contar puede llegar a sorprenderte. Quizás en alguna plática podremos encontrarnos a compartir nuestras experiencias.

❧ 1 ❧
El regreso

Cuando el espíritu se desprende de la materia,
va en busca de su propia liberación.
Tu espíritu es como una lámpara que irradia luz;
cuando está en contacto con el cuerpo,
lo único que lo opaca es la mente.

Después de haber realizado un largo viaje, Francesco se encontró en un lugar desconocido.

Entonces se empezó a preguntar:

"¿Dónde estoy? Huelo un aroma muy dulce parecido al de las rosas, y también el aire está impregnado de... no sé. Creo que es canela o miel. Siento una brisa casi imperceptible que me hace sentir liviano. Totalmente liviano, sin peso, sin cuerpo."

Es como si estuviera rodeado por suaves copos de algodones, mullidos, de color pastel.

Todo el fondo de lo que veo es rosa y celeste, pero tiene algo especial que nunca antes había visto.

El cielo, en algunos lugares, desprende destellos dorados.

Escucho música... ¡es suave como un murmullo!

Parece música celta, semejante al canto gregoriano de voces armoniosas.

Una temperatura agradable me rodea y puedo sentir una sensación de plenitud como hacía años no sentía.

¿Dónde estoy, dónde está mi gente, mi familia o algún conocido?

Veo personas que pasan a mi lado, todas de blanco; sus ropas parecen de lino transparente. Esos colores tan particulares, ¿qué serán?

Y toda esta gente que pasa y me mira... todos me sonríen; algunos llevan en sus manos libros, y otros llevan cosas raras que no son fáciles de reconocer.

En todos estos minutos que llevo en este lugar me han aparecido ciertos pensamientos raros...

Tal vez esté soñando. Posiblemente sí. ¡Cuando me despierte ya no los recordaré! Los sueños siempre se me olvidan al despertarme. ¿Qué estoy haciendo aquí? ¿Qué estoy esperando? Tal vez pueda preguntarle a alguna de estas personas tan particulares.

¿Cuánto tiempo hace que estoy? Bueno, después de todo no sé de qué me quejo.

Éste es un lugar que no me desagrada. ¡Al contrario, yo diría que es mágico!

—¡Francesco!

—¿Quién me llama? ¿Quién sabe mi nombre en este lugar?

—Discúlpame, yo no estoy autorizado a darte esa información: pero no te preocupes, pronto lo sabrás.

Mi nombre es Ariel y soy el encargado de conducir a todas las personas recién llegadas a este lugar.

Ven, te voy a mostrar tu... bueno, creo que ustedes le dicen habitación o algo así.

—Mire, usted me parece muy atento, pero también lo noto un poco misterioso. Hasta ahora tenía la idea de que todo esto era un sueño, pero ya me están entrando algunas dudas. Esto no es un sueño; tengo la sensación de que todo me está sucediendo de verdad.

—A ver, Francesco, haz memoria.

—¿Memoria de qué?

—De lo que te estaba sucediendo antes de que entraras acá.

—A ver, déjame pensar... recuerdo que yo estaba internado en una sala de cuidados intensivos; creo que ya había perdido la noción del tiempo.

Me desesperaba sentir que todas las horas eran iguales, no diferenciaba la noche del día. Recuerdo que los médicos controlaban cada aparato que tenía conectado a mi cuerpo, pero ya se habían olvidado de mirarme o simplemente de tocarme.

Yo me sentía cada vez más derrotado.

Fantaseaba con irme cuanto antes a casa; empezar a disfrutar de cada instante de estar sano. Dentro de mí, muy adentro de mi corazón, ¡había prometido no hacerme más problemas por lo que pudiera sucederme en el futuro!

Claro que llevaría todo un aprendizaje; yo me había acostumbrado a enojarme por tonterías.

Pero, otros días deseaba curarme y salir a viajar, conocer lugares mágicos o históricos.

Me preguntaba por qué no había querido hacerlo mientras estaba sano; siempre criticaba a los que gastaban el dinero en ese tipo de placeres.

¡Qué tontería!, ¿cómo podía haber sido tan cerrado? Pero, para todo eso que yo pensaba hacer, ya era tarde.

¡Sólo un milagro podía salvarme la vida!

También tenía días negros, sin fe, sin esperanza.

Había días muy duros, en que veía los ojos de lástima y de tristeza de las personas que me visitaban, y veía las lágrimas retenidas de mis hijos, que venían con una sonrisa dibujada, como si un lápiz les hubiera trazado el contorno de la boca. Sentía la angustia de mi esposa, a quien cada día veía más chiquita, como si esa angustia la estuviera consumiendo día a día... Y entonces, cuando me quedaba solo, le pedía a Dios que me llevara con él.

Aunque yo no era demasiado creyente, siempre me pareció que eso de que los niños buenos van al Cielo y los malos al infierno era un cuento de niños.

Otras veces, cuando estaba a punto de quedarme dormido, creía entrar en esos túneles en cuyo final hay una luz que te ilumina junto a un ser querido muerto, como cuentan esas personas que estuvieron clínicamente muertas unos segundos o minutos. Eso es todo lo que recuerdo, así de simple... y de difícil; así fue transcurriendo la muerte de mi vida.

—¿Y tú, Francesco, no te diste cuenta de nada?

—¿De qué habla?

—Hablo de cómo llegaste a este lugar.

—Este lugar es muy especial y usted, Ariel, también lo es. Séame sincero y, por favor, deje de hacerse el misterioso. Dígame: ¿estoy muerto?... ¿estoy muerto?

—Francesco, tranquilízate. Ya te expliqué que no tengo permitido contar todo lo que te está sucediendo. Ten paciencia y todo se te va a aclarar a su debido tiempo.

Decidí callarme la boca; este hombre parecía muy convencido de lo que estaba diciendo. Por más que yo insistiera, sabía que él no cambiaría de idea. Me hizo señas de que lo siguiera...

Decidí hacerlo: caminaba con unos pasos más atrás, guardando cierta distancia respetuosa hacia este personaje que acababa de conocer.

De vez en cuando se daba vuelta para mirarme; lo hacía con cierta dulzura, como queriendo darme seguridad.

El camino se aclaraba cada vez más; las luces eran muy especiales, los olores se atenuaban a medida que caminábamos, y la música se escuchaba más suave aún.

Entramos en una especie de pasillo cuyas paredes eran de cristal con destellos dorados. Por las paredes pasaban rayos de colores, como si un gran sol iluminara un arco iris después de una gran tormenta.

La habitación a la que llegamos era redonda, también de cristal, y los muebles eran tan raros como el resto del lugar. ¡Lo gracioso era que, con sólo pensar que uno quería sentarse, ese mueble se transformaba en un sillón! En un rincón, sobre una pequeña mesa, lucía un gran ramo de flores de colores brillantes e intensos, que despedía un perfume tan dulce como suave. Al lado, las acompañaba un pequeño cáliz dorado. En el aire, algunas mariposas revoloteaban entre nosotros, y un arpa, con unas pocas cuerdas, descansaba sobre una de las paredes, adornando la extraña habitación.

—Bueno, Francesco, hemos llegado a tu nuevo hogar. Sé que no estás cansado aunque hayas tenido un viaje largo. Todos los que entramos aquí, por primera vez, nos sentimos renovados de energía y dentro de uno empieza a renacer una paz interior muy particular, que nos hace sentir muy bien, quizás mejor que nunca. Puede que te encuentres un poco confundido, pero no te preocupes, que sentirse así también es normal.

Bueno, no hablo más porque te estoy atosigando con tanta charla. Te dejo para que descanses y te pongas cómodo. Más tarde te vendré a buscar. Hasta luego.

—¡Ariel, espere, espere!

Pero Ariel no esperó, cerró la puerta y Francesco se quedó en silencio: un profundo y grandioso silencio.

Se recostó en un sillón y se puso a pensar... Muy en el fondo de su alma sabía que estaba muerto. Pero su estado ya no era lo que le preocupaba: de hecho, se sentía muy, pero muy bien.

Lo que le preocupaba eran todos los problemas que no había podido resolver mientras vivía.

No hacía más que pensar en su familia. ¿Qué iba a ser de ellos? Su enfermedad los había dejado prácticamente en la calle.

Se preguntaba cómo podrían vivir ellos sin él, porque creía ser indispensable para los demás. ¿Qué sería de ellos y qué sería de él?

Nunca más los volvería a ver... ¡Cuántos sueños truncados! ¡Cuántas ilusiones inconclusas habían quedado en medio del camino!

AL DÍA SIGUIENTE...

Una suave brisa envolvía el cuerpo de Francesco. Como si lo acariciara muy tiernamente; un suave y dulce perfume se acercaba a él.

Francesco se despertó y se quedó quieto un buen rato.

Se sentía mucho más tranquilo, más relajado. Decidió que era el momento de empezar a aceptar lo que le estaba pasando y lo que le tendría que pasar más adelante, del mismo modo que había aceptado su enfermedad.

De pronto, se escucharon golpes en la puerta de cristal y Francesco se levantó bastante sobresaltado y ansioso.

Abrió la puerta, y ahí, parado muy tímidamente, estaba Ariel, sonriendo como de costumbre, con esa paz que lo caracterizaba, extendiendo su mano derecha en forma de saludo.

—¡Vamos, Francesco!

—Sí, vamos. Se supone que, si te pregunto a dónde, no me responderás, ¿verdad?

—Supongo que hoy te sientes mejor; tu energía tiene más luz.

—Sí, me siento maravillosamente bien. Hacía mucho tiempo que no me sentía así.

Ariel fue llevando a Francesco por inmensos jardines, todos repletos de flores: las más lindas y coloridas que habían visto sus ojos.

De repente se encontraron con una luz muy intensa.

En ese momento, como de la nada apareció un hombre muy alto, de cabello ondulado y claro, y una larga barba canosa.

Le llamaron la atención sus manos flacas y largas; una túnica blanca cubría su cuerpo, y una sonrisa muy cálida encendía su rostro. Esa sonrisa logró tranquilizarlo, así como su tono de voz, suave y dulce.

—Hola, Francesco, yo soy José, uno de los maestros guía de los espíritus que ingresan al primer Cielo.

Mi misión va a ser, de ahora en adelante, enseñarte todas las mañanas algunas lecciones de vida, las que tendrías que haber aprendido en la Tierra, mientras tenías un cuerpo y una vida.

—Ya veo, ¡Tú llegas un poquito tarde! ¡José, si yo estoy muerto!... Si esto es el Cielo, se supone que tú podrás ser mi guía o un santo, o lo que fuere. Pero me pregunto: ¿Para qué me quieres enseñar lo que yo tendría que haber hecho en su momento mientras vivía? Si ya es tarde... No tiene sentido nada de esto. ¡Por qué no apareciste cuando cometí cada error en mi vida? Porque después de todo lo que pasé, después de todo lo que sufrí, no le encuentro sentido a todo esto; ¡explícame qué sentido tiene aprender una lección después de muerto!

—*Entiendo. No creas que porque yo sea un maestro no puedo comprenderte. Todos reaccionan del mismo modo. Hasta yo hice lo mismo cuando ingresé, pero éstas son las leyes que tenemos aquí. Vas a tener un camino para recorrer y, al final del camino sabrás por qué lo hacemos, y créeme que vas a agradecer haberlo realizado.*

Si deseas, tienes también otra opción; aquí no se obliga a nadie a hacer lo que no quiere.

—**Dime, ¿cuál es la otra opción? A lo mejor es más interesante, quizá... volver a mi casa con mi familia.**

—*No, ésa no; ya es tarde. Te explicaré. Te puedes quedar sin enseñanzas, sin entrenamiento interior, puedes deambular libremente por todo el Cielo. No tendrás ninguna obligación de escuchar a ningún maestro, ni tiempo que cumplir. Tú elige, pero escucha muy bien mi consejo; si eliges estar libre, te perderás el final y sería realmente una pena.*

Si quieres, piénsalo y después vuelve a conversar conmigo. Tú sigues siendo libre tal como lo eras mientras vivías, sigues teniendo el libre albedrío que Dios te dio cuando creó tu alma.

Francesco, piensa y después hablamos con más tranquilidad. Algunos se deciden más rápidamente y otros necesitan más tiempo.

—**No, no tengo nada que pensar; siempre me consideré una persona con una gran curiosidad. Si tomo el camino de aprender, va a ser pura y exclusivamente para mantenerme ocupado.**

Si tomara el camino de la libertad de ambulante, me deprimiría. Sentiría que el tiempo no pasa nunca. ¡No puedo estar sin hacer nada!

José esbozó un gesto gracioso y con una mirada cómplice le guiñó un ojo a Ariel.

—*Francesco, si deseas vuelve a pensarlo, nadie te estará apurando. Sé muy bien que falta tiempo para asumir tu transmutación o tu muerte. Es lo mismo que le pasa a tu familia. Te puedo asegurar que, a medida que vayan pasando los días, no vas a querer irte de aquí.*

—Dime: ¿qué es lo que tengo que hacer?, ¿qué es lo que tengo que contar?, ¿a quién tendré que escuchar y de qué tendré que arrepentirme?

—Vamos a hacer algo que te va a gustar: hoy tómate el día libre, estoy seguro de que hoy mismo Ariel te va a enseñar a subir a las nubes. Vas a poder pasear por el cielo; disfrutarás de una experiencia totalmente placentera. ¡Si tienes suerte, podrás encontrarte con algún ser querido que no ves desde hace mucho tiempo!

Todavía no estás preparado para ver a tu familia desde las nubes; quizás más adelante lo puedas hacer.

Mañana, apenas los rayos del sol formen dibujos en tu habitación, irán a buscarte y entonces nosotros dos vamos a tener una larga charla. Ahora te dejo tranquilo. Hasta mañana, Francesco.

Otra vez volvía a estar solo en su nuevo estado espiritual, después de haber pasado un día inolvidable, un día muy especial. Había aprendido a pasear en las nubes, y como experiencia le había encantado.

Disfrutó flotando, jugó con el viento, hizo dibujos en el aire, con sólo pensarlo.

Se sintió pleno y libre, terriblemente libre.

Pudo disfrutar de una nueva sensación, aunque se sintió culpable de estar tan feliz. Y sin darse cuenta, se quedó dormido.

2

Ser feliz

Para el espíritu, la felicidad es siempre,
porque la felicidad es paz.
Para una persona, forma parte
de una palabra mágica y efímera.

Los rayos del sol fueron dándole luz y calidez a su habitación de cristal. Se dibujaron imágenes en las paredes, hasta que Francesco se despertó después de haber dormido plácidamente.

Escuchó que golpeaban a su puerta y se levantó a abrirla. Del otro lado estaba Ariel, sonriendo como siempre.

Ariel lo invitó a que lo acompañara. Caminaron los dos en silencio, mientras los rayos del sol los iluminaban y el aire los envolvía en una suave brisa.

Desde lejos se podía ver a José, su futuro maestro, sentado en un sillón destellante de colores metálicos.

A medida que se aproximaban, José se hacía más luminoso; parecía que sólo su presencia iluminaba su contorno.

—*¡Qué tal, Francesco! ¡Se te ve muy bien! Te pedí que vinieras con la respuesta que tú hayas elegido; sea la que fuere, nosotros te entenderemos y te guiaremos siempre.*

—**Mi respuesta es que voy aceptar tu propuesta, aunque sigo pensando que es tarde. ¡Después de muerto, aprender a vivir...! Hasta me suena a un cuento de humor negro.**

—*Entonces, ¿por qué lo vas a aceptar?*

—**Por curioso, porque no quiero andar dando vueltas, sin un rumbo y una dirección.**

—*¿Por qué gritas? ¿Estás enojado?*

—*Sí.*

—*¿Por qué?*

—**Porque no bajaste y me enseñaste antes, cuando estaba vivo. Cuando me equivocaba, no me diste señales. Ustedes tienen mucho más poder que nosotros, los que andamos por la vida tratando de encontrar un camino.**

Mi vida fue, en cada etapa, luchas y crisis, alegrías y tristezas; pero muchas veces, cuando todo me había servido de

experiencia, esa etapa estuvo superada, y mi vivencia quedó guardada en un cajón.

—Francesco, yo entiendo todo lo que tú me dices. Te di muchas señales, y te las han dado todos los maestros del primer Cielo, hasta nuestro querido gran maestro... ¡Lamentablemente no las pudiste captar! ¡Si supieras cuántas te dimos y no las recibiste! Te las podría nombrar una a una. Ya llegará el momento en que te las mostremos. Si hubieras podido aceptarlas, verlas o sentirlas, podrías haber cambiado la historia de tu vida. Ahora te preguntas: ¿por qué aprender después de muerto? Yo te diré por qué.

Preguntas por qué ahora, escucha bien. Tu dios te da un espíritu para que puedas crecer, estando reencarnado en materia o no.

También ten presente que el maestro aparece cuando el alumno está preparado para recibirlo.

Tú has sido una muy buena persona. Ahora te pregunto: ¿has sido feliz todo el tiempo?

—**No sé, creo que tuve momentos felices, pero no fui plenamente feliz. Me preocupé demasiado por los demás, quizás porque quise mucho a las personas que compartieron los tramos de mi vida. Algunas personas me defraudaron en el camino, unas desaparecieron y otras quedaron cerca de mí.**

—*¡Por qué culpas a los demás de no haber sido feliz?*

—**No los culpo, solamente pienso que he vivido demasiado pendiente de ellos.**

Después de todo, ¿cuántos espíritus llegan aquí confesando que fueron felices mientras vivían? ¿Todos? ¿Algunos? ¡No creo que sean muchos!

Maestro, si estoy aquí, quisiera encontrar las respuestas que tanto nos hacemos allá abajo, esas respuestas que no encontramos, que ni siquiera tienen la religión, ni los médicos, ni los filósofos, ni los políticos.

Entonces, maestro, dime: ¿por qué hay tantas injusticias?, ¿por qué, ¿por qué pagan los buenos por los malos?, ¿por qué es tan difícil vivir en armonía?

—*Francesco, vamos a ir por partes. Iremos recorriendo todos los senderos que conduzcan a cada respuesta, a cada inquietud que tú tengas.*

¡Si tú supieras cómo se ve la vida en la Tierra desde aquí arriba...!

Si supieras que cada persona transcurre su vida peleando, llorando, esperando y desesperando, y que todo ese tiempo es sólo un instante... Preguntaste si se podía ser feliz todo el tiempo mientras se viva. Te diré que sí se puede, pero no es tarea fácil.

Tendrías que tener en cuenta que la palabra "felicidad" es muy amplia y que para cada persona tiene diferente significado. Para los campesinos que pasan por un periodo de sequía, su felicidad puede ser la lluvia. Para los alfareros, puede ser ver salir el sol, para que se sequen sus cacharros. ¡Para una mujer enamorada de un hombre casado, puede ser su felicidad que él abandone a su esposa!

¿Ves? La felicidad es diferente para cada persona y parece que estuviera siempre atada al deseo de algo. Si lo tienes, entonces eres feliz, pero esa felicidad dura los días o momentos que la puedas disfrutar.

Siempre que la felicidad tenga que ver con un deseo externo, va a surgir otro deseo más que te hará falta para seguir siendo feliz. ¡Y así transcurre la vida, corriendo detrás de ilusiones, sueños, objetivos...!

Busca la felicidad dentro de ti para que sea eterna. ¡Si buscas afuera, la tendrás por poco tiempo!

—**¿Quieres decir que no es bueno tener ilusiones ni sueños? No estoy de acuerdo, porque sin sueños la vida no tiene sentido.**

—*No, los sueños y las ilusiones son tan necesarios como el aire que respiras; la diferencia está en que, para disfrutar de un sueño, tienes que estar nutrido por dentro. Esto significa que lo que quieras mucho, que te sientas bien mientras planeas realizarlo, cuando vas camino a él. Y que puedas aceptar los fracasos como algo natural dentro del juego de la vida. Tienes que saber que tu actitud ante lo que te pase depende del punto de vista con que mires la vida.*

Hubo una chispa del ser supremo dentro de tu alma que te convirtió en un ser único e irrepetible, con un poder interior muy grande para resolver cada problema que se cruzó en tu camino.

Tuviste el poder de ser feliz y de hacer felices a los seres del alma que elegiste para compartir tu vida.

—Después de escucharte, pienso que fui un imbécil, que no me di cuenta de nada y, si las personas somos así como tú dices, ¿por qué nos cuesta tanto darnos cuenta? Parece fácil de entender en lo teórico, pero en la práctica las cosas cuestan mucho más. A veces, nos pasan cosas que no dependen de nosotros; otras, nos encontramos con las manos atadas o alguien se encarga de ponernos obstáculos en el camino.

—Las personas te atan, te frustran, te invaden, siempre y cuando tú lo permitas.

No has sido ni imbécil, ni tonto, ni nada que se le parezca. Viviste de acuerdo con tu crianza, con lo que te enseñaron tus padres, con las creencias que te inculcaron y con tus valores. Hiciste todo considerando que era lo mejor y lo más acertado para salir adelante.

Seguramente hubo situaciones que no esperabas, que no pudiste resolver o que resolviste de manera equivocada o no te jugaste y eso está bien.

—Cuando estaba vivo, no me consideraba una persona con buena estrella; siempre me comparaba con mis amigos y las personas que yo conocía, y tenía la sensación de que a mí me costaba todo más. Nunca fui envidioso; al contrario, me alegraba mucho cuando alguien progresaba. Lamentablemente, parecía que la buena suerte no me acompañaba.

—Todas las personas nacen con las mismas posibilidades de hacer realidad sus sueños, de conocer el amor: todas sin excepción.

Todas están en la misma línea de salida; la diferencia es que cada una responde de manera diferente a la carrera de obstáculos que tiene que sortear en la vida

Piensa cuántos años transcurriste sin tener en claro cuál era el objetivo de tu vida.

¡Cuánto tiempo miraste la botella medio vacía y qué pocas veces la viste medio llena!

Las personas desperdician gran parte de su vida, porque se preguntan qué será lo que vendrá más adelante, en el mañana, ese mañana que cuando llega es presente.

¿Cuántas veces tuviste un problema que no te dejó dormir, que te tenía sumamente preocupado y lo solucionó el tiempo en su transcurso?

¿Cuántas veces sufriste por no obtener lo deseado?

Y después te diste cuenta de que, si hubieses forzado esa situación, todo hubiera empeorado.

A veces, lo que deseas no es siempre lo que te conviene. Si vas tras un objetivo y recibes señales de coincidencia o causalidades, todo te estará mostrando que estás en el tiempo y el camino indicados.

Si vas detrás de un deseo y no aparecen coincidencias, busca la forma de estar más atento para recibir las señales que se te mandan desde acá arriba; a lo mejor aparecen mejores opciones.

"Deja que el ser supremo te guíe.
Deja que él te dé señales.
No fuerces nada.
El universo fue hecho para ti.
Está puesto a tu servicio.
El ser supremo es sabio."

❧ 3 ❧

Los sueños realizados

Tu espíritu sabe cómo realizar tus sueños.
Aprende a estar atento a las señales y causalidades.
Todo te está indicando que estás en camino de realizar
tus sueños anhelados.

Durante el tiempo libre, Francesco jugaba flotando en las nubes rosadas del atardecer, que eran sus preferidas. (Él decía que olían a jazmines.)

De vez en cuando se cruzaba con otros espíritus que estaban en su misma situación, con quienes se saludaba, feliz de compartir la libertad y el placer de estar en el Cielo.

Esto de hablar con sus maestros le estaba empezando a parecer interesante.

Hoy conocería a un nuevo guía.

Ariel le dijo que este nuevo maestro se llamaba Agustín; le contó que era un ser que hablaba sobre los sueños y enseñaba a hacerlos realidad.

Le habían asignado esa misión porque era una de las personas que pudo recibir las señales que Dios le mandaba mientras vivía, y le habían quedado sueños sin cumplir.

Su buen humor y su buena onda, según contó Ariel, lo habían ayudado a tener las antenas de la percepción más alerta, para recibir esas señales.

Francesco no recordaba haber recibido ninguna señal. Se preguntaba si había nacido con la sintonía de su perilla rota o había perdido su antena, en algún momento de su vida.

Agustín, el hacedor de sueños, lo recibió cordialmente y lo invitó a dar un paseo por las nubes rosadas. Pasearon, se llenaron de energía. Un largo silencio los invadió.

Agustín decidió empezar a preguntar.

—*Francesco, ¿cuántos sueños cumpliste mientras vivías?*

Otro gran silencio inundó el lugar.

—**Cuando conocí a la que luego sería mi esposa supe que había encontrado un bálsamo en mi vida. Sentí que era feliz casándome con ella. ¡Eso fue ver un sueño realizado! Los nacimientos de mis hijos fueron otros.**

Tener mi primer auto, cambiar de trabajo, cambiar de casa... los viví como etapas de mi vida o planes que fui cumpliendo, pero no los percibí como sueños realizados; quizás no tuve la capacidad de disfrutarlos como yo lo hubiera merecido.

—¡Tú no has tomado conciencia de que podías construir tu propio mundo!

—Para mí, todo era esfuerzo, trabajo, lucha, uno que otro momento compartido con mis amigos, alguna que otra satisfacción y nada más.

No pensé en construir mi mundo; ¡eso era sólo parte de libros de autoayuda en los cuales nunca creí!

—Cuéntame: ¿qué sueños te quedaron sin hacer realidad?

—Muchos. Los últimos años me había hecho al hábito de no hacerme ilusiones, ¡no quería terminar viéndolas derrumbadas! Entonces, cuando aparecía un sueño en mi vida, yo mismo decía: "Francesco, esto es una locura".

—¿Cuántos años de tu vida pasaste sin permitirte soñar?

—Creo que fueron los últimos diez. Me veía demasiado viejo para hacerlos realidad.

Siempre aparecía alguna excusa para dejarlos sin efecto, y así se me fueron pasando los días, los meses y los años, y también los deseos.

—Y después de esos años vividos casi sin ilusiones, ¿qué pasó?

—Pues... me enfermé. En el mismo momento en que supe que tenía, empecé a sentir que se me venía el mundo encima. Pedía y rogaba que cada estudio médico a los que me sometían saliera bien. Deseaba que me dieran el alta, pero nada de eso sucedía; todo lo contrario, más enfermedad y más muerte.

Y yo soñé con curarme, y te juro que lo pedí con toda el alma, y ése fue el último deseo sin cumplir.

—Vamos por partes, Francesco, ¡después te explicarán lo de tu enfermedad y tu muerte!

Te enseñaré a cumplir tus sueños... ¿De qué te ríes?

—*De mí mismo. Llego tarde a todo: ¡tener que morirme para aprender a soñar! Pero no importa; como buen curioso, prometo escucharte con mucha atención.*

—Cuando una persona transcurre su vida sin sueños, sin objetivos claros, va como un barco a la deriva. Ese barco se pierde y aparece en un mar desconocido, navega sin rumbo fijo y ahí empiezan las sorpresas. No se sabe en qué tipo de mar se está, dónde está la costa, cuánto tiempo se puede estar sin provisiones. Empiezan entonces a aparecer los miedos, la desesperación y, lo que es peor, el barco sigue perdido.

Cuando se piensa qué rumbo tomar, el barco vuelve a encauzarse en su destino. Entonces, lo primero que tiene que hacer cada persona es preguntarse cuál es el objetivo que quiere que se convierta en sueño concretado.

Como ser único que eres, Dios te ha creado con todas las armas necesarias para realizar los sueños. Puedes cumplir un deseo tras otro, pero para eso hay que tener ciertas condiciones.

—*¿Serán las que yo no tuve? ¿Cuáles son esas condiciones?*

—Algunas personas están llenas de miedos, frustraciones, obsesiones, resentimientos, dudas, culpas.

Cuando existen estos sentimientos en el corazón y en la mente de una persona, es muy difícil que pueda cumplir sus sueños.

¿Sabes por qué?

—*No, dime, por favor.*

—Tú cuando pides algo, se lo pides a tu dios, se lo pides a tu suerte, a tu destino, al cosmos, al universo, a un ser querido muerto. Siempre el hombre busca ayuda de alguien más poderoso que él, sea creyente o ateo.

Si estás cargado de todos estos sentimientos negativos que te acabo de nombrar, lo que pides no llega, porque vibras mal; la energía positiva se alimenta de pensamientos positivos, de risas, de amor, de generosidad, de buenas acciones y de solidaridad. Esa energía te da una frecuencia más alta para poder ser escuchado por todos los seres de luz que estamos aquí arriba; incluso el universo está puesto a tu disposición y nunca jugará en contra tuya

En un momento te escuché decir que creías no haber recibido ninguna señal de nosotros porque tenías tu antena rota.

Entonces, las señales fueron enviadas, pero tú no las recibiste.

Vamos a imaginar que tú eres una radio y que, a causa de esos sentimientos negativos de los que te hablé no puedes sintonizar bien tu ideal. Entonces, las señales no llegan hacia donde las quieres mandar.

Piensa que la vida es como un eco; si no te ha gustado lo que estuviste recibiendo, entonces tendrías que pensar qué fue lo que estuviste transmitiendo.

Aquí los maestros decimos que, cuando una persona desea algo con toda el alma, todo el cosmos trabaja a favor, siempre y cuando tenga todos sus deseos alineados con una finalidad en su vida. ¡Si supieras que todo es perfecto! Las piezas de la naturaleza están puestas de manera que nada pueda fallar.

Todos estamos dispuestos a ayudar desde aquí arriba, pero muy pocas personas lo saben.

—¿Quieres saber mi opinión?

—Dime, querido alumno.

—**Los sueños puestos en palabras suenan muy bonitos; esta linda historia se parece a los cuentos de hadas, pero vivir no es fácil.**

Cuando tienes un sueño y empiezas a trabajar para lograrlo, muchas veces aparece, cuando menos te lo esperas, algo que estropea todo. A veces te hace desistir y te quedas con la sensación de fracaso, y te queda tan pegada que ya no te animas a insistir. Con el tiempo, ese amor que vivía dentro de ese sueño se transformó en una cucharada amarga, que ni quieres recordar.

—Es lógico que te suceda eso, y que tantas trabas te terminen acobardando; entonces, para no sufrir, no te llenas de ilusiones, pero igual terminas sufriendo. Es preferible vivir con planes y proyectos, aunque nadie los comparta contigo, que vivir vacío por dentro, y esto te terminó enfermando.

—Agustín, tú has vivido allá abajo como yo, y sabes que es difícil.

—Claro que sí; podemos cambiar la palabra y decir que es una tarea trabajosa.

—Modifica las palabras, si quieres. No es fácil limpiarme de sentimientos negativos, de miedos y de fracasos, si nadie me enseñó que eran perjudiciales.

Mis padres me educaron enseñándome a callar. Si algo no me gustaba no era cuestión de faltarle al respeto a otra persona... a poner la otra mejilla, y a veces el actuar de ese modo te llena de resentimiento y de culpas. Mis padres fueron tan exigentes que terminé siendo exigente conmigo mismo y, al ser tan tirano, nunca alcancé la perfección. Me permitía cada vez menos errores; pero, aun así, la perfección nunca parecía.

Me enseñaron a ser generoso y yo aprendí muy bien la lección, porque fui tan bueno, que demasiadas personas me defraudaron inmerecidamente. Entonces, me empecé a ver como un inútil.

Esto que me pasó a mí le pasa a mucha gente allá abajo. Así que yo te pregunto: ¿cómo no estar lleno de sentimientos negativos? Quien no los tenga debería estar canonizado.

—Todas las personas entran con las mismas preguntas, y cada una obtiene las respuestas en el momento indicado. Ahora te voy a pedir que me dejes continuar con el tema de la realización de los sueños, que es mi especialidad.

—Perdón, Agustín, no creo que me puedas convertir en un alumno fácil.

—No te preocupes, que tu maestro tampoco lo fue; uno se acerca a los seres que se nos parecen.

Te daré una receta para realizar un sueño:

Un gran objetivo, un poco de planes y proyectos, todos puestos en orden, desde el más grande hasta el más chico.

Una cucharada de deseo.

Empezar a cocinarlo con amor y paciencia.

El fuego de la acción lo va a ir preparando lentamente y el tiempo de cocción va a ser el justo y necesario, para que, una vez finalizado, se lo pueda saborear con todo placer.

Si encuentras un sueño y lo realizas, no dejes de tener otros sueños. Trabaja sin preocupaciones, para que todo se realice. Despreocúpate y simplemente mantén la calma, porque, cuando menos lo pienses, aparecerá.

—**¿Sabes? Te escuché con atención. Nunca me di cuenta de que había realizado mis sueños. La capacidad de disfrutarlos debe ser tan importante como la capacidad para realizarlos.**

—*Disfrutar es la más importante de las capacidades que tiene una persona.*

¿Sabes cuál es el enemigo más grande que tiene el ser humano y que no permite disfrutar de la vida? El miedo.

—**Ese miedo que tú nombras es el que me paralizó. Muchas veces sentía que me ataba de pies y manos, que era más fuerte que yo. Me convirtió en un cobarde, me hizo sentir solo, inútil, me hizo perder trabajos y afectos, me limitó hasta donde pudo y creo que me mató más que mi propia enfermedad.**

Cuando me enteré de que estaba enfermo, el miedo se convirtió en mi propio enemigo; venía disfrazado de dolor, de sufrimiento, de muerte.

Si los dolores eran fuertes, mis miedos los agudizaban; creo que dejé de tener miedo cuando entré a este lugar.

—*Hubo momentos en que el miedo te sirvió para ser prevenido, lo pudiste utilizar como una herramienta para cuidarte.*

Bueno, Francesco, por hoy abandonaremos la charla. Si quieres hablar sobre los miedos, mañana te mandaré a Ezequiel, un viejo encantador, que es el encargado de tratar ese tema.

Ahora pídele a Ariel que te lleve al Parque de los Recuerdos; ya verás que te va a encantar.

4

El parque de los recuerdos

Francesco caminó dando saltos; su cuerpo se hacía liviano y su luz brillaba con más intensidad.

Parecía que su cuerpo etéreo ya estaba por aprender a volar, sin necesidad de que ninguna nube lo sostuviera.

Pensó qué tonto había sido al haberse atado tanto a la vida en los últimos meses de su enfermedad, apegándose al dolor, al sufrimiento. Si hubiese sabido que esto era tan especial y tan fascinante, no hubiera dudado un segundo en abandonar la vida.

"Quizás pueda ayudar a las personas que están sufriendo en la cama de un hospital, bajar y mandarles algunas señales para que sepan que acá arriba se está mejor y que no vale la pena seguir prolongando una agonía", se decía.

Mientras flotaba por los pasillos del Cielo, se cruzó con Ariel y le pidió que lo llevara al Parque de los Recuerdos.

Ariel, con un gesto de amabilidad y una gran sonrisa, le indicó el camino gustosamente. Ariel le preguntó:

—*¿Estás dispuesto a encontrarte con tu pasado?*

Francesco se rió, diciendo:

—*El mío sí que es un pasado "pisado" (olvidado). Claro que sí, estoy dispuesto a verlo, aunque te diría que nunca me sentí tan vivo como en este lugar.*

El Parque de los Recuerdos era un bosque de árboles de cristal, con todo el verde en su esplendor y con todo el perfume de los veranos a la hora de la siesta. Estaba habitado por pájaros como los de cualquier parque de la Tierra, pero mucho menos temerosos y más libres.

Ariel se paró al lado de uno de los árboles de cristal y, con un chasquido de sus dedos, en la copa del árbol se formó una imagen, como la de una película. Cuando Francesco pudo ver con nitidez, se asombró al verse con sus seis años de vida, en su primer día de clase, impecablemente vestido. Iba camino a la escuela en el auto de su abuelo, un viejo cascarrabias con un corazón de oro.

—*Él era el encargado de cuidarme, porque mis padres nunca estaban, siempre, demasiado ocupados con sus tareas como para ocuparse de mí.*

—*¿Qué sentiste ese día?*

—*No recuerdo nada.*

—*Respecto a tus padres, ¿qué es lo que recuerdas?*

—*Nada, no recuerdo nada.*

—*Te mostraré otra escena.*

—*Ese día que me muestras lo recuerdo con tristeza; fue el día en que falleció mi abuelo. Yo tenía diez años y lo extrañé por muchísimo tiempo.*

—*Tu abuelo estuvo acompañándote en todos los tramos de tu vida, hasta que le llegó el momento de partir del Cielo, de volver a buscar un destino en la Tierra. Te mostraré otra escena.*

—*Ah... ésa es más reciente; estoy en mi trabajo, discutiendo con mi esposa. Ella está enojada porque no me ocupo de ella y de mis chicos, y yo le explico que trabajo para el bienestar de todos, que no son capaces de reconocer mis esfuerzos, ni de valorar el amor, la seguridad y la protección.*

—*¿Y el tiempo?*

—*El tiempo no me sobraba y me arrepiento de no habérmelo tomado; si volviera a nacer, todo lo haría con más calma.*

—*Francesco, ¿qué sentiste durante tu vida por tus padres?*

—*Sentí que los quería, porque me habían dado la vida, pero estaban muy lejos de ser los progenitores ideales. Ellos apenas pudieron con sus propias vidas, menos aún con la mía.*

Cuando fueron ancianos, yo tuve que mantenerlos, cuidarlos, protegerlos, y lo hice consciente de que era mi obligación. Hice más por ellos de lo que ellos hicieron por mí.

—¿*Tú sabes que los padres se eligen antes de nacer?*

—**Ah... entonces otra vez me equivoqué, nunca pasó por mi mente semejante cosa. ¿Cómo pude haber elegido semejante desafío?**

—En su momento sabrías lo que estabas haciendo. Dios te da un espíritu para que crezca, para que se lleve una experiencia de vida enriquecedora; cuando eliges a tus padres antes de nacer, es por algún motivo en especial; quizás te gusten los desafíos, quizás no se equivocaron ellos tanto como tú creíste. Tal ves tu función fue mostrarles sus errores y enseñarles lo que es vivir como un hijo.

También piensa que los pudiste haber elegido para cuidarlos cuando fueran mayores; quizás otro espíritu reencarnado no hubiese podido hacerlo tan bien, y con tanto amor, como lo has hecho tú.

Quizás tu destino haya sido que los aceptaras tal como eran, y el solo hecho de que te hubieran dado poco, o menos de lo que te merecías, forjó en ti una personalidad más fuerte, más independiente, y ellos te han dejado crecer con mucha más libertad de la que tienen los hijos que son ahogados por haber recibido tanto amor.

Lo más difícil para los padres es mantener el equilibrio; no hay nada más que la vida para enseñarles donde están sus aciertos y sus errores.

Ningún padre se levanta por la mañana trazando un plan para hacerle daño a un hijo; si así fuera estaríamos frente a una mente enferma.

Ellos se equivocan, pero siempre pensando que, en el momento en que actúan, están haciendo lo mejor de lo mejor; la actitud siempre es positiva, aunque su comportamiento termine siendo negativo.

El amor de un padre hacia un hijo es incondicional; hubiese sido bueno para ti no haber vivido con rencores hacia ellos. Piénsalo bien; por algo, antes de nacer, los elegiste.

Francesco se quedó, por unos segundos, mirando fijo la imagen de su niñez, y reflexionó:

—**Cuando menos quise parecerme a mis padres, más terminé pareciéndome a ellos. Yo tampoco había sido un buen** *padre pero, es cierto, mi intención para mis hijos siempre había sido positiva.*

La imagen fue desapareciendo y, casi sin darnos cuenta, el viento nos levantó llevándonos hasta una gran nube. Ya arriba de ella sentí un gran alivio adentro de mi alma y pude ver cómo mis compañeros del primer Cielo paseaban comunicándose entre sí, contándose sus experiencias vividas allí abajo.

Después del paseo, entre a mi habitación; me estaba acostumbrando a ella. Era muy cómoda y olía a paz; sin embargo, siempre hay algún "pero" en mí, yo seguía extrañando las costumbres y las comodidades terrenales, las comidas, sus olores y sus sabores. Aquí, en el Cielo, nuestras almas se alimentaban de amor y de buenas acciones, pero yo echaba de menos mis reuniones con amigos y hasta los programas de la tele; pero, por sobre todas las cosas, extrañaba a mi familia.

¡Me gustaría tanto saber cómo están! No quisiera verlos sufrir por mí; eso me desesperaría, aunque creo que ya hacía mucho tiempo que ellos me veían sufrir, y supongo que la idea de mi muerte les debió haber pasado muchas veces por la cabeza, y entonces habrán pedido que dejara de sufrir.

Francesco se quedó dormido y tuvo un sueño algo confuso; esperaría la primera oportunidad para contárselo a Ariel.

5

Ángeles

Estoy siempre contigo, te miro,
te contemplo, te cuido y te acaricio.
Pídeme lo que quieras con el corazón abierto
y yo, simplemente, te complaceré.

TU ÁNGEL.

Fue transcurriendo el día, como tantos otros, pero nadie había ido en busca de Francesco. Entonces se empezó a impacientar; al ver que el tiempo pasaba y se quedaba solo, decidió salir de la habitación de cristal para ir en busca de su amigo Ariel. Pero no lo encontró y tampoco encontró a sus otros maestros; pensó que podía estar pasando algo especial y se dio cuenta de que volvía a apegarse a los afectos, del mismo modo como lo hacía mientras vivía.

Solamente de lejos se escuchaban risas suaves y muy alegres, a la vez; un delicado perfume a miel y almendras inundaba el lugar, las luces del cielo. Francesco se fue acercando hacia el lugar de donde provenían los sonidos, hasta que quedó sorprendido al ver que estaba ante un gran coro de ángeles. Algunos vestían de blanco y otros de rosa; todos tenían una luz muy especial, formaban una ronda, sus alas eran grises, como de escamas, pero aparentaban una textura muy suave.

Sus ojos eran más grandes que los de los humanos, casi todos de color claro; sus cabellos eran claros y rubios. Sonreían y cantaban: sus voces sonaban a tintineos de campanitas, como notas musicales flotando en el aire.

En ese instante, Francesco se preguntó si existían ángeles rubios solamente y por qué no había ángeles negros. Se avergonzó de pensar que quien los creó pudiera tener preferencias.

Mientras Francesco pensaba todo esto, en ráfagas de segundos, se iba acercando al coro, en busca de alguna respuesta. Estaba intrigado por saber por qué hoy era un día tan tranquilo, dónde estaban sus maestros, dónde estaba su nuevo amigo, Ariel.

El solo hecho de pensar que podía no volver a verlos nunca más, lo entristecía.

Los ángeles tenían la apariencia y la frescura de los adolescentes, aunque no se podía definir su sexo o edad.

Uno de esos Ángeles se le acercó y le dijo, en voz muy baja:

—*Francesco, nos hemos vuelto a encontrar después de haberte acompañado allá, abajo, durante toda tu vida. Me merecía este descanso, ¿no te parece?*

—**No sé bien de qué me hablas. Supongo que me quieres decir que tú has sido mi ángel durante toda mi vida.**

—*Tú lo has dicho.*

—**¡Tu voz me suena tan conocida!**

—*Te parece familiar porque la has escuchado millones de veces; creo que tú la interpretaste como si fuera una voz interior.*

Lo que a los ángeles nos interesa es que ustedes, los humanos, nos escuchen. Por supuesto que nos gustaría tener una relación más fluida y más amplia con las personas que nos designan para guiar y cuidar, pero entendemos que allá se vive tan vertiginosamente que apenas se pueden escuchar entre ustedes. Y, a veces, ni siquiera escuchan a su propia familia, así que pecaríamos de soberbios si pretendiéramos que se tomen tiempo para oírnos.

Bueno, después de todo, no nos podemos quejar de nuestro trabajo y, de hecho, lo hacemos con gusto.

—**¿Así que fuiste mi ángel? ¿Y cómo fue estar conmigo durante tanto tiempo? ¿Te di trabajo? ¿Te aburriste?**

—*¿Si me diste trabajo? ¡Sí! Si no fuera porque te había tomado cariño, le habría pedido al jefe un cambio.*

Francesco se puso muy serio, casi ofendido, y le respondió:

—**¿Qué dices? No robé, no maté, no estafé, nunca dañé a nadie, por lo menos conscientemente. ¡En qué te pude haber dado trabajo?**

—*Por supuesto que has sido buena persona: tuviste buenos sentimientos, fuiste respetuoso, honesto y generoso. Fueron tus actitudes las que me dieron trabajo.*

—**¿Qué actitudes?**

—*Las que te frenaron para vivir como me hubiera gustado que lo hicieras; ser bueno con los demás es genial, pero también era importante que lo fueras contigo mismo.*

¿Recuerdas cuando tuviste la fábrica de juguetes, y tu socio te dejó en la calle? Hubiese querido que lucharas, lo enfrentaras, y no que te quedaras con la furia y la impotencia dentro de ti.

—**¿Y para qué estuviste a mi lado, si no pudiste ayudarme en ese momento, si no pudiste hablarme como ahora, ni tampoco pudiste hacer un milagro para mí?**

—*¿Quién te dijo que yo no hago milagros, que no me aparezco y que no hablo? Vaya, vaya, qué escéptico eres, Francesco.*

Tú no me has visto porque ni siquiera te ocupaste de averiguar que tenías un ángel; hay muchas personas que nos ven, que nos hablan y hasta juegan con nosotros.

—**Recuerdo que, cuando era niño, mi madre nos hacía rezar la oración del ángel de la guarda, esa oración que transmites a tus propios hijos cuando son chiquitos. Esa misma oración que va perdiendo vigencia cuando uno se va haciendo grande.**

Te pido perdón de corazón por no haberte tomado mucho en cuenta. Lamento no haberte hecho feliz; quizás ahora podamos ser buenos amigos.

—*Francesco, aunque te parezca mentira, siempre fuimos buenos amigos y no me cabe duda de que lo seguiremos siendo.*

Tampoco es que no me hayas hecho feliz, yo siempre fui feliz. No te olvides de que soy un ángel, y nada me hace sentir mejor que serlo. Después tendrás otra forma de aprender a comunicarte conmigo.

—**¿Y no puedes explicármela ahora, así empiezo a ponerla en práctica?**

—*No, ahora no la necesitas porque me tienes a tu lado; más adelante te daré las lecciones para que estés cerca de mí.*

—**Tú sabes mi nombre y yo no sé el tuyo. ¿Cómo te llamas?**

—*Mi nombre es el que tú me elijas. Ya que no lo hiciste antes, aprovecha y búscame uno ahora mismo.*

—*Bien, te pondré Pancho. ¿Te gusta?*

—*Suena a nombre de perro, ¿no te parece?*

—*Si no te gusta, puedo cambiarlo.*

—*No, déjalo así, suena gracioso y además los perros me encantan.*

Largaron una carcajada y Francesco estaba tan conmovido que le brotaron lágrimas de sus ojos.

Pasado un rato, Francesco preguntó si todos los maestros estaban en misa.

—*No, claro que no están en misa. Digamos que están en una reunión de fe y amor; es un día muy especial para nosotros, nos llenamos de luz y plenitud. El sólo hecho de estar todos en comunión, con el mismo objetivo de amor y de fe en acción, nos llena el alma. El ser supremo nos enseña su amor y nosotros se lo enseñamos a ustedes, pero quédate tranquilo; mañana volverás a encontrarlos.*

—*¿Y tú por qué no estás allí?*

—*Porque alguien tiene que tranquilizar a los espíritus asustados, que temen perder a sus maestros guía.*

—*Pancho, querido, seguro que ser ángel debe ser más fácil que ser persona, ¿verdad?*

—*Nunca fui humano, pero me hubiese gustado serlo; a lo mejor, alguna vez podríamos hacer el cambio.*

—*Mm... no sé, por las dudas dame tiempo para pensarlo. Me alegra mucho saber que estás conmigo.*

—*Yo también me alegro.*

Se saludaron, y Francesco se fue a jugar con sus nubes preferidas.

A esta altura ya nada asombraba a Francesco: sentirse bien todos los días, no sufrir, no enojarse... Había vuelto a ser alguien con mucho humor. No había tiempo que lo apurara, ni apremiantes problemas; solamente alguna que otra vez pensaba en su familia y la extrañaba. Recorría mentalmente su vida y sentía que en algunos tramos realmente la había desperdiciado.

Pensó: *"Si pudiese haber visto de otra forma las cosas que me fueron sucediendo, me habría sentido feliz. Pero no vale la pena lamentarse; de hecho ya es tarde"*.

Francesco siguió pensando mientras volvía flotando en la nube. Le había gustado conocer a su ángel; era un ser simpático y muy cálido. No dejaba de preguntarse cómo podría él haber sabido que cada uno tenía su ángel. Se decía con cierta lástima: *"después de todo, yo hice lo que creí que era lo mejor para mi vida"*.

6

Los miedos

Iba la peste camino a Bagdad
cuando se encontró con un peregrino.
Él le preguntó: "¿A dónde vas?"
La peste le contestó: "A Bagdad, a matar a diez mil personas".
Después de un tiempo, la peste volvió a encontrarse
con el peregrino, quien muy enojado le dijo:
"Me mentiste. Me dijiste que matarías
a diez mil personas, y mataste a cien mil".
"Yo no mentí, maté a diez mil,
el resto se murió de miedo".

Anónimo

Otro día había transcurrido. El sol brillaba y los aromas eran mucho más dulces que los días anteriores. Francesco había perdido la cuenta de cuántos días habían transcurrido desde que había muerto y se había mudado al primer Cielo.

Se levantó. Algo había cambiado en su imagen. Algo había empezado a crecer en sus espaldas. Parecía que estuvieran saliéndole las alas; después de mirarse en un reflejo de luz, se empezó a reír de sí mismo y pensó: *"sí, con mis miedos, tuve algo de gallina, entonces las alas están muy de acuerdo conmigo, o con las acciones de mi vida".*

Francesco había aprendido a reírse de sus limitaciones, de esas creencias que lo dejaron inmóvil en momentos en que la osadía del coraje le hubiera dado una gran cuota de seguridad.

Después de cierto tiempo, se acercó Ariel a buscarlo, y Francesco, sin preguntas de por medio, lo siguió.

Fueron por un camino por el que nunca antes habían transitado. De lejos parecía un mar azul, muy calmo, con una playa de arenas blancas y palmeras muy frondosas.

Francesco se preguntó cómo podría el Cielo tener playa y Ariel, que leyó la mente, le contestó:

—*¿Por qué no la puede tener? De hecho, tú, desde abajo, no podías ver más que las nubes, las estrellas y el color del cielo, pero podrías haber muerto sin haber visto nunca una playa y eso no es una causa para que no exista. ¡Esa costumbre que tienen ustedes, las personas, de creer sólo lo que sus ojos les muestran! Pierden la posibilidad de tener otras sensaciones. Si fueran más abiertos a estar dispuestos, a usar todos los sentidos, podrían ver mucho más que un cielo azul con nubes.*

Sería bueno que prestaran atención a las cosas; esto no significa que sea necesario buscar la concentración. Cuando te concentras, excluyes el resto, mientras que prestar atención es caer en la cuenta de todo, sin excluir nada.

Si hicieras una pausa y prestaras atención al cielo, a los árboles, a los pájaros, podrías aprender de ellos. Si estás obsesionado por tus propios problemas, no puedes ver el resto de las cosas y tampoco la solución de tus problemas.

Presta atención a todo, está en contacto con lo que te guste, afina el oído, agudiza los sentidos y pon toda tu atención en lo que sientes.

Después de escucharlo, Francesco le comentó que él sentía placer por ayudar a sus amigos y que había aprendido a captar su estado de ánimo solamente con mirarlos. Él siempre estaba dispuesto a prestarles su oído, a acompañarlos adonde le pidieran o a brindarles ayuda incondicionalmente. Pero después, con los años, se había vuelto más retraído, más desconfiado, y ya no era el mismo de antes. Una porción de sus amigos lo había defraudado, y habían quedado muy pocos en su vida.

—**Creo que, poco antes de morir, llegué a culpar a mi socio, que fue mi mejor amigo, como causante de mi enfermedad. No solamente había contribuido para que me quedara en la calle, sino que se había dado el lujo de reírse de mí.**

Luego de escuchar su relato, Ariel le dijo:

—*Vamos, te llevaré con Ezequiel, él es un maestro que seguramente te podrá dar la respuesta a lo que me estás contando. Ahora nos espera; tratemos de ser puntuales, y abre tu corazón y tu alma, porque sentirás dentro de ti toda la energía del amor universal, que cada uno de nosotros está dispuesto a brindarte.*

Ezequiel estaba sentado en una nube celeste, con bordes dorados. Era más bien gordito, con poco cabello, de tez rosadita. Llevaba puesto un colgante bastante especial.

Cuando Francesco se acercó a Ezequiel se corrió y le hizo lugar para que compartiera su nube. Francesco pensó: "**¿con tanto peso, no se caerá?**"

Ezequiel, leyendo su pensamiento, le contestó:

—*Todo puede ser: las cosas son según como las pienses. ¡Si crees que la nube no te puede sostener, entonces no te sostendrá... todo depende de lo que tú creas!*

—**Yo deseo tan poco últimamente, que, si la nube se cayera en este preciso momento, nada podría pasarme; total, morirse dos veces, no se puede.**

—*Por lo que te escucho decir, el miedo a la muerte no ha desaparecido; todavía te ha quedado algún apego a la vida, porque antes de subirte a la nube pensaste: ¿si se cae?...*

Todavía me cuesta adaptarme, aunque este cambio de morirme y trasmigrar a este plano ha sido totalmente positivo.

—*Claro que te cuesta. Los cambios, así sean positivos, no dejan de ser un transmutar, no dejan de ser una muerte; la muerte de esos momentos, de esos ciclos concluidos. Cada mudanza, cada amor que se pierde, cada cambio de trabajo siguen siendo una muerte, y esos cambios traen aparejadas crisis, que son tan necesarias para crecer, como es necesario el amor que te alimentará el alma. Pero, muchas veces, el miedo se apodera de las crisis y te hace dar vueltas en círculo sobre tu vida y no puedes encontrar el camino hacia las salidas.*

Todos quieren crecer, pero nadie quiere afrontar ningún tipo de crisis. ¿Sabes qué significado le dan los chinos a la palabra "crisis"?

Significa oportunidad y peligro.

—**¿Cómo una palabra se puede contradecir tanto?**

—*No se contradice, simplemente tiene que ver con el modo que la entiendas; si es una nueva oportunidad, la aceptas, y el peligro que te puede traer es que te equivoques, pero va a ser una experiencia y nada más. En cambio, si no aceptas la oportunidad que se te presenta ante un nuevo cambio y te quedas sin actuar, sin arriesgarte a ponerla en acción, entonces el peligro va a quedar en tu mente, porque, al no enfrentarlo, algo dentro de ti te estará diciendo que eres un cobarde.*

—**Creo que, en algunos momentos, he sido un gran cobarde; mis miedos me paralizaron, me confundieron, me enfermaron.**

—*El miedo se apodera de ti cuando te encuentra falto de recursos, cuando te toma con la guardia baja. Primero empieza llenándote de dudas, después te crea ilusiones para que te evadas de la realidad y, cuando estás a punto de actuar, viene haciéndose el grande y el poderoso; te hace creer que eres débil y cobarde, te dice que es más fuerte que tú, te cambia la percepción de las cosas y te las muestra desde un lugar donde te hace sentir inferior e imposibilitado.*

Te proyecta al futuro con incertidumbre, se instala en tu mente, en el rincón más oscuro, justo ahí donde es difícil que lo encuentres. Te alerta todos los sentidos; es como el veneno del escorpión; una vez que entra en tu sangre, te va paralizando poco a poco hasta que te termina matando. Uno de los motivos por el cual hoy estás hablando conmigo fue el miedo, ese gran personaje que te acompañó en tus últimos años y te ayudó a que estés aquí.

A mí me encerró entre cuatro paredes de un hospital, me hizo ponerme anteojos empañados de dudas y, entonces, mi visión de la vida cambió por una existencia triste e injusta. Empecé a caminar despacio, apoyándome donde podía, aunque lo que me sostenía no tuviera fuerza ni bases firmes; sin avanzar, me quedé muerto.

—*Es que el miedo te hace ver enemigos donde no los hay; te hace creer que todos pueden rechazar tu compañía, y lo peor es que crea tanta violencia como la violencia misma.*

Hasta te puedo dar un ejemplo de esto: una mamá pierde a su hijo en un hipermercado; cuando lo encuentra, le grita y, por culpa del miedo, actúa con violencia, en vez de alegrarse por haberlo encontrado. Lo peor es que el miedo utiliza a las personas y las vuelve agresivas.

—**¿Entonces es un enemigo muy especial?**

—*La palabra "enemigo" para ti no puede ser la adecuada; yo diría que es un obstáculo al que podríamos manejar y utilizar para que nos ayude. Si tenemos el miedo en su justa medida, nos puede enseñar a ser previsores.*

Mira el mar, Francesco. ¿Cuántas veces has ido a la playa y no te has alejado demasiado de la costa, por miedo a ahogarte?

—**Siempre fui muy prudente, me daba pánico nadar donde no hacía pie.**

—Bueno, entonces el miedo te hizo ser prudente; una cuota chiquita de él está bien, pero no hay que darle lugar a que se agrande y te utilice.

—**¿Hay personas sin miedos?**

—Sí, claro que las hay. ¿Sabes en qué lugar de tu mente se instala el miedo?

Precisamente en el lugar de tu inconsciente, al lado de tus sensaciones. Si no te das cuenta, se empieza a alimentar con dudas y se transforma en una vocecita interior, que con toda naturalidad te dice: "no vas a poder". O, si recurres a alguien en busca de ayuda, te susurra al oído: "te van a decir que no". Entonces se apodera de ti, crece y un buen día se transforma en tu dueño. Pero él tampoco puede salir de dentro de ti.

—**Hablas como si fuera un monstruo o un fantasma.**

—No, no es un fantasma; es real. Como todo lo que te rodea en la vida, depende de ti transformarlo, dominarlo, superarlo, vencerlo.

—**¿Y cuál sería la solución para sacárnoslo de encima?**

—Tomar conciencia de que está en tu mente es el primer paso. Cuando te ataque, ponle un nombre y subestímalo; cuando salga con esa vocecita burlona, diciéndote que con él no puedes, abre otro canal interior y dile que no lo crees. Transfórmalo mentalmente en lo que quieras, hazlo chiquito, enciérralo o mándalo lejos de ti. No te estafes dándole poder; dominarlo es una reacción acertada.

—**En este momento te diría que hay un solo miedo que perdura en mí** –comentó Francesco en voz baja, casi con vergüenza.

—No te sientas avergonzado y dime cuál es.

—**Todavía sigo pensando en mi familia; los extraño mucho y tengo miedo por ellos. Las condiciones en las cuales** quedaron fueron bastante duras y quisiera saber si están bien. También me da miedo volver a verlos, porque me desesperaría no poder besarlos, ni compartir una charla con ellos.

—Bueno, bueno, Francesco, habrá cosas que no podrás hacer y otras que sí. Dame tiempo para pedir permiso al ser supremo para que los puedas ver. Te contaré qué puedes hacer desde este lugar. Ahora, relájate y piensa que las cosas no siempre son tan malas ni tan buenas como parecen.

—Yo hubiera querido no haber transmitido tantos miedos a mis hijos; siempre estuve con la palabra "cuidado" en la boca.

Cuando le enseñé a mi hijo mayor a manejar, le decía: "¡cuidado al doblar, mira por el espejo, te van a chocar!"

Un día comentó que no se sentía seguro para ir por la calle conduciendo, porque tenía la sensación de que todos los autos se le venían encima.

¡Cuánto miedo les transmití! ¿Qué sentirán ahora que yo no estoy?

—Lo que les transmitiste quedó instalado, pero tal vez alguno de ellos se sienta molesto por algún miedo arraigado y luche hasta sacarlo.

—Ojalá que así sea.

—Quédate tranquilo, están bien.

—¿Tú los puedes ver?

—Sí; llegará el momento en que los veas tú también.

—Te lo agradezco, Ezequiel. Veo que es la hora de atender a otro alumno. Ahí está, esperando; ¿quieres que me vaya?

—Tú y yo tenemos tiempo, ¿por qué ese apuro?

—Me cuesta recordar que tengo el tiempo que deseo. Será que siempre viví apurado.

—¿No será que te pusiste a disposición del tiempo y no te diste cuenta de que él estaba a tu servicio?

—Sí pero, si sabes que alguien te está esperando, te impacientas y te quieres ir.

—Si la otra persona considera importante la espera, esperará; si no, se irá.

Cuando te preocupas por el tiempo que pueden perder los otros, también tú pierdes el tuyo.

—**Ezequiel, ¿podrás hacer algo para que pueda ver a mi familia?**

—Si obtengo el permiso, mañana te daré una respuesta.

❧ 7 ❧

Un regalo
de cumpleaños

Cada año que cumplimos es un regalo de Dios.

Pasaron dos días hasta que Francesco logró encontrar a Ezequiel. Estaba rodeado por espíritus niños que jugaban a su alrededor y no quiso interrumpir la escena, pero Ezequiel lo vio y lo llamó.

Francesco fue deslizándose por ese aire tan especial que inundaba de energía y paz su alma. Después de enseñar a los niños que parecían ángeles gorditos (algunos eran negros y otros blancos), los chicos los llevaron por túneles de cristal y puentes de algodones.

El más grandecito le preguntó:

—¿Sabes, Francesco, qué día es hoy en la Tierra?

—No.

—Es 29 de abril. ¿Eso te dice algo?

—Sí, hoy cumpliría cincuenta y seis años. —Mientras pensaba, se fue entristeciendo.

—¿Qué hubieras hecho, si estuvieras vivo y sano, cumpliendo tus cincuenta y seis años?

—Estaría de mal humor; nunca me gustó cumplir años. Me deprimía, no quería envejecer. Era tal mi mal humor que no quería ver a nadie; hasta me molestaban los saludos telefónicos.

Por supuesto que esto afectaba a toda mi familia, que no sabía que hacer ni cómo actuar: si festejar mi cumpleaños o dejarlo pasar como si fuera un día más.

—¿Y qué crees que estarán haciendo hoy?

—Supongo que recordando.

—Si quieres, te cuento.

—Sí, por favor, lo necesito.

A medida que se despertaron, se acordaron de que hoy es tu cumpleaños. En este momento son las diez. Están desayunando, sentados junto a la mesa del comedor de diario; mientras se reparten las tostadas, están comentando que, si estuvieras vivo, estarías protestando por la nueva edad que se te venía encima.

Están tristes, la casa está fría y oscura. Tu hija mayor rompe el diálogo y dice que no irá a llevarte flores al cementerio, porque no cree que estés allí.

Florencia dice que estás dentro de su corazón y que, cuando quiera hablarte o sentirte, no tiene más que acordarse de ti o mirar la foto que tiene en su mesita de noche, esa que te gustaba tanto.

—**Ésa es mi hija Florencia: es inteligente, buena y perceptiva. ¡Si supieras cuánto la quiero!...**

—Sé que la quieres. Si esto te afecta, no te cuento más.

—**Sigue, quiero saber qué sienten los demás.**

—Tu hijo no emite palabra, un nudo en la garganta no le permite tomar su café.

—Escuchó a su madre decir que hará una misa en la capilla del pueblo para que tu alma descanse en paz. Christian, con un tono muy bajo, comenta: "Si hubiera un Dios verdadero, papá se habría salvado; haz lo que quieras, mamá. Yo no iré".

—**Creo que Christian es más sensible de lo que demuestra y le va costar superar este duro trance. Éramos muy compinches; él recién empezaba a independizarse. Pronto cumpliría dieciséis años; ojalá encuentre un amor que lo pueda ayudar a sacar fuerzas para salir adelante... Sigue contándome, prometo no volver a interrumpirte.**

—Tu esposa te llevará flores al cementerio y, después de llorar sin consuelo, volverá a tu casa, se tirará en la cama con toda la soledad encima. Ella también te echa de menos.

De pronto, un ángel interrumpió al ángel gordito, haciendo un ruido especial con sus alas plumosas y, con una voz bastante divertida, anunció que había interrumpido la charla con el objetivo de hacerles cambiar de tema para que no estuvieran tristes:

—*Tratemos de que Francesco la pase bien. Cuando uno cumple años, empieza un nuevo ciclo: entonces, hay que agradecer y saber que uno puede cambiar su vida, mejorarla y sentirse feliz, a pesar de tener un año más.*

¿Quién te dice que este nuevo año que comienza no sea el mejor de todos, aunque estés muerto?

Cuando estés vivo y vuelvas a cumplir años, ese día anímate. Endúlzate los oídos diciéndote palabras alentadoras, porque tú mereces disfrutar este día.

Deja por un día las culpas, los resentimientos y los problemas; así podrás empezar tu año con mucha más luz que si protestas o si reniegas.

Haciendo una seña con su mano, el ángel gordito le preguntó eufórico a Francesco:

—*¿Ves aquel jardín que está allá lejos?*

—**Sí, lo veo.**

—*Acércate más, te lo mostraremos más detalladamente.*

—**¡Qué bonito jardín! No se puede comparar con ninguno que haya visto en mi vida.**

—*Es nuestro regalo de cumpleaños para ti; es todo tuyo.*

Por cada buena acción que alguno de tus seres queridos haga, crecerá una rosa blanca en tu jardín.

Cuanto más crezca tu espíritu, más altos serán los árboles, y ese arco iris que cubre el jardín tendrá colores más firmes y luminosos.

Será un regalo que cuidarás, pero no te apegues a él, porque tendrás que dejarlo cuando asciendas al segundo Cielo.

—**Gracias, es hermoso; pero dime: ¿qué cosas tendré que hacer para ascender a ese Cielo del que me hablas?**

—*Todo depende de tu evolución y del crecimiento que logre tu propia alma.*

—**Creo que me quedaré a vivir en el primer Cielo; he cometido muchos errores mientras vivía, y aquí tengo mucho que aprender.**

—*También tuviste aciertos y etapas bien aprendidas. ¡No dejas de ser negativo ni después de muerto!*

—*Yo soy el que vio siempre la botella medio vacía.*

—*Cada persona tiene que aceptarse tal como es. Cuanto más te castigas, menos cambias; la resistencia ofrece más resistencia. Aprende a decir: "yo soy así".*

Si piensas en querer cambiar lo que te molesta de ti, y lo haces desde la paciencia y la comprensión, ya estarás cambiando.

Si puedes, empieza a cuidar tu jardín desde hoy mismo y observa muy bien todo lo que lo rodea. Este lugar tendrá grandes sorpresas para ti.

—*Entonces me quedaré aquí.*

—*No te olvides de ponerle un nombre a tu jardín. Ahora te dejaré solo. Si necesitamos, te vendremos a buscar aquí.*

8

Silencio

Busca tu silencio interior y podrás escuchar a tu alma.

Francesco recorrió el jardín flotando por el aire; ya estaba aprendiendo a volar.

Fue mirando, asombrado, cada árbol; miró el verde del césped y pensó en las buenas acciones que haría su familia.

Ellos eran muy buenos y deseó que su jardín se cubriera rápidamente de rosas.

Quizá llegaría a ser el más lindo del Cielo, pero había algo que lo incomodaba y no sabía qué.

Después de haber recorrido cada rincón de su jardín y haberlo observado todo hasta el mínimo detalle, pudo descubrir que era el único lugar en donde había tanto silencio.

Un silencio abrumador, que daba miedo y erizaba el alma.

Ahí no había pájaros, ni coros de ángeles, ni murmullos de otras almas.

Solamente eran el silencio y él.

Francesco pensó: *"qué incómodo es esto. ¿Por qué me asusta tanto el silencio? ¿Será que siempre traté de aturdirme, buscando una excusa para no estar conmigo mismo?... Eso es, me asusta estar conectado con lo más íntimo de mi ser. Será que no aprendí a conocerme y no pude encontrarme. Esta soledad me asusta tanto que siento que me ahoga".*

Francesco se sentó con la espalda apoyada en el tronco del árbol más grande e imponente; sintió una corriente que lo invadía y que a la vez le daba fuerzas para enfrentar ese silencio que lo acompañaba.

El árbol habló con una voz imperiosa y le dijo:

—*Si no aprendes del silencio, no puedes aprender de nada ni de nadie. El silencio es sabio, te abre puertas hacia tu interior, y te ilumina el yo superior. Va camino hacia tu inconsciente y te enseña a encaminarte en la vida.*

El silencio trabaja para que dialoguen todas tus partes internas, para que se logre todo un entendimiento y, cuando todas tus partes internas se unan, lograrás ese poder infinito que el ser supremo te ha entregado.

No temas estar solo, porque la soledad y el silencio son tus amigos. Búscalo dentro de ti cada vez que lo necesites, y él te responderá siempre, te escuchará y nunca se equivocará al darte las respuestas.

Tú temes al silencio porque no lo has conocido y las veces que se presentó en tu vida lo echaste; él regresaba siempre, pero siempre lo rechazabas. Ahora lo tienes aquí enfrente de ti, hazte su amigo.

Escúchalo y te escuchará; sentirás que se iluminará tu alma, porque él se conectará con tus partes internas por medio de tus sentidos y se hará cómplice de tu yo inconsciente.

Francesco, que a esta altura ya no se asombraba de nada, escuchó con atención al árbol parlanchín.

Pero sí se asombró de que el árbol supiera tanto de su vida, si él no era un ser tan importante en la Tierra como para que estuvieran tan pendientes de él, cuando había tantas personas más importantes en el mundo.

Él tendría en algún momento la oportunidad de recibir de alguien las respuestas que necesitaba conocer.

El silencio seguía esperando que Francesco se presentara y decidiera enfrentarlo.

Pero Francesco no sabía cómo hacerlo.

Entonces, el árbol, que lo estaba observando, volvió a hablarle así:

—*Francesco, quédate quieto, respira profundamente, cierra tus ojos y deja que el silencio entre dentro de ti. Cuando se instale, te dará una señal.*

Francesco, muy obedientemente, cerró los ojos y aspiró todo el aire en una gran inspiración. Se conectó con sus sentimientos y, después de unos segundos, el silencio apareció y se comunicó con su yo superior.

Francesco comprendió que había tenido mucho miedo en su vida, por eso llenaba los espacios hablando todo el tiempo.

—*¡Qué poco pude escucharme! ¡Qué poco escuché a los otros! Tampoco pude oír el canto de los pájaros, el ruido de la lluvia al caer, el sonido del viento arrastrando las hojas del otoño.*

¿Por qué no puede sentir mi propio silencio, si era tan fácil como respirar?

Ahora entiendo por qué no te dejé entrar mientras vivía y perdí la oportunidad de encontrarme con mi yo interior. Supongo que mi inconsciente también quiso hablarme y no se lo permití; lo debo haber tratado muy mal, porque nunca dejó que recordara, alguna mañana al despertar, ningún sueño.

Mi esposa, Elena, decía que era negador de la realidad, que me evadía todo el tiempo, y ahora comprendo que tenía razón.

Ven, silencio, quédate conmigo un poco más. Déjame encontrar ese inconsciente que habitó en mi mente por tantos años y al que yo, más inconsciente que él, no escuché.

Oh, Dios, ¿qué hice de mi vida? ¿Cómo pude haber sido tan egoísta conmigo mismo? ¡Y ahora vengo a darme cuenta, ahora que ya es tarde!

Luego de haberse hablado a sí mismo, apareció en Francesco una voz interior, un poco conocida para él.

Ahí estaba su inconsciente, que había aparecido en escena, y se presentó diciéndole:

—*Ahora te vuelvo a encontrar; yo te conozco más que nadie, compartí toda tu vida y me instalé al lado de tu mente.*

Soy como una habitación oscura llena de recuerdos, proyectos, memorias, sensaciones.

Cada acontecimiento que vivió tu alma, desde el nacimiento hasta tu muerte, está guardado muy ordenadamente en esa habitación.

Cuando utilizas el silencio para encontrarme, haz de cuenta que usas una llave para abrirme y que, con tu curiosidad por saber |algo tuyo, iluminas mi habitación de la misma manera como una linterna ilumina la oscuridad.

Entonces enfocas lo que tú quieres ver, pero eso no significa que lo demás no esté. Iluminarás cada cosa que vengas a buscar, cada sentimiento, o cada recuerdo que necesites recuperar, para utilizarlo en tu propio crecimiento.

Después de escuchar hablar a su inconsciente, Francesco le preguntó por qué no había aparecido antes, y éste le respondió que él no había encontrado la llave para abrirlo y que lo había tratado muy mal.

Yo soy susceptible y me gusta que me traten bien, soy una parte bastante independiente y necesito mimos.

Francesco se rió, incrédulo.

—**¿Qué clase de mimos necesitas?**

—*Si me pides por favor que te muestre algo, te lo mostraré; te podrás acordar de los sueños, podrás interpretarlos y usarlos como otra herramienta más para construir tu futuro.*

Piensa que, si uno tiene una sola herramienta, por ejemplo un martillo, todos los problemas se le van a transformar en un clavo.

Cuando yo te muestre algo que tú tanto buscabas, no te olvides de darme las gracias; el buen trato nos hará buenos amigos.

¡Ah, me olvidaba!, no me trates como si fuera traicionero, porque el inconsciente no te traiciona. Lo que te traiciona es tu consciente, porque te hace ponerte en pose para cada ocasión, y hace que te disfraces, según los roles que cumplas con cada persona que encuentres en tu camino. Te hace actuar impulsivamente, poner etiquetas a las personas, te lleva a que te importe más el qué dirán, hace que empieces a conformarte ante los otros, aunque no signifique que esto te haga feliz.

Yo te pido que te mantengas alerta, que abras tus sentidos, y no te dejes caer en la trampa de demostrar lo que tienes y lo que no tienes. Aprende a decir que no, cuando no quieres hacer algo; aprende a cuidarte, respetando tus tiempos.

Francesco le agradeció a su amigo, el inconsciente; le dijo que estaba muy cansado como para seguir escuchando y que preferiría seguir escuchando el silencio.

—*No te olvides de que el silencio y yo vamos siempre de la mano.*
Yo sé que no siempre soy placentero; de hecho, no todos se hacen amigos de mí. Despreocúpate, yo apareceré siempre y cuando seas tú el que me venga a buscar. Mientras tanto, me quedaré aquí solito y esperando hasta la próxima vez que me llames.

Francesco suspiró como sacándose un peso de encima; abrió los ojos y se quedó pensativo. Se acordó de que no le había puesto nombre a su jardín. **"Hoy no se lo pondré** –se dijo–. **Lo haré mañana por la mañana"**.

9

Livianos
de equipaje

Andamos por la vida cargando el peso
de nuestros propios conflictos.
Si encontráramos la forma de liberarnos
de ciertos sentimientos negativos,
podríamos hacerlo con la misma facilidad
con la que nos desprendemos de algo que no usamos.

Todos los días venía un maestro diferente a hablar con Francesco.

Se había hecho amigo de uno que se llamaba Pedro, encargado de tener las llaves del Cielo.

Una mañana, cuando Francesco cuidaba su jardín, fue Pedro a visitarlo. Francesco estaba muy alegre porque ese día su jardín se había llenado de rosas.

—¡Veo que tienes una buena familia! –exclamó Pedro.

—¡Hola! ¡Me asustaste! Tú te acercas siempre tan silenciosamente que pareces un fantasma.

—Y tú también te mueves sin hacer ruidos, ya aprendiste a volar sin chocar con tus alas.

—Aprender a volar fue una linda experiencia y, ahora que estoy seguro, hasta juego en el aire. Me siento tan liviano y tan feliz, que no volvería allá abajo. Creo que, cuando uno está vivo, el cuerpo es un gran peso; todo lo que uno hace resulta incómodo y pesado.

—Oh, no, no te confundas, no era el cuerpo lo que te pesaba, era el equipaje.

—¿Qué equipaje?

—El equipaje que llevabas sobre tus hombros.

—¿Me puedes aclarar de qué estás hablando?

—Todos los humanos, a medida que van creciendo, van cargando con sus propios equipajes.

Ustedes, las personas, lo llaman cruz, ¿es así?

—Sí, es así, ¿y cómo es que cargamos un equipaje y no tomamos conciencia de que nos hace mal?

—Algunas personas se levantan por la mañana y, antes de comenzar el día, cargan en su propia maleta sus angustias, sus penas, van ubicando en los rincones que están todavía vacíos algunos recuerdos negativos, un poco de culpa, miedo al fracaso y, aunque ya esté bastante pesada, siguen agregando sensaciones a la maleta, estirada y vieja.

Y, para no perder la costumbre, algunos ponen, en algún espacio libre, las dudas del porvenir, algún temor al presente y unos malos tratos, de esos que cuesta olvidar.

Y puedo seguir con la lista de enfermedades, depresiones, etcétera, etcétera; la carga es, a veces, infinita.

Luego, la valija se cierra, se lleva encima y te acompaña durante todo el día. Por supuesto que, por la noche, sientes que su peso te produjo un poco de cansancio; entrando el fin de semana, el peso incrementa, y es mucho peor cuando llega fin de año.

¡Lo peor es que algunas personas no saben aligerar la maleta y, como se llena cada día más, un buen día explota! Y entonces te lastima el cuerpo.

Quiero decir que te enfermas y, en ese mismo momento, algunas personas se sienten desconcertadas. Nadie entiende que el espíritu fue mandando señales en forma constante, que no soportaba tanta carga, que el equipaje le hacía perder pureza y brillo al alma.

—**Creo que tienes razón. ¿Cuál sería la causa por la cual algunas personas ven la vida color de rosa? Esas personas que se ríen a carcajadas hasta llorar. ¿Cuál es el secreto que tienen ellas para andar tan ligeras de equipaje?**

—Esas personas saben hasta cuánto pueden cargar, saben decir basta, eligen todo el tiempo, viven la vida hasta el fondo. Saben pedir perdón sin quedarse con rencor, saben recibir ayuda cuando alguien se las ofrece y saben valorarla, tienen el don de dar con el corazón abierto de par en par.

Ríen con todas sus ganas, son comprensivas con los que no quieren cambiar, tienen paciencia con sus sueños, aceptan los fracasos como parte de la vida, sin necesidad de anclarse en ellos y recordarlos todo el tiempo. Se aman y aman a todos los que los rodean. Son humildes, abiertas a recibir todo lo que les puede ofrecer alivio.

Esas personas viven la vida con todos sus sentidos, ven, escuchan y sienten, desde lo más pequeño hasta lo más grande.

Francesco, con su mirada muy baja, clavada en la túnica de su maestro, comentó:

—**Esas personas son perfectas.**

El maestro, pasando su mano por su luz, queriéndole hacer una caricia, le dijo:

—*No son perfectas, son sabias, son perceptivas, no son ni buenas ni malas, simplemente saben vivir. Y te diré que también saben morir.*

Y un silencio cubrió el lugar.

—**¿Cómo se hace para dejar el equipaje a un costado?** —preguntó en voz baja Francesco. **¿Dónde se puede dejar el peso de los recuerdos, de las frustraciones, de las tristezas?**

—*Empecemos por orden. Cuando te refieres a los recuerdos, ¿tú hablas de los negativos o de los positivos?*

—**Hablo de los negativos. Creo que los otros no pesan...**

—*Sí que pesan porque, si tienes un buen recuerdo de algún momento pasado, lo quieres revivir y, si no lo puedes hacer, te sientes mal; por eso es importante que cada momento grato lo guardes en el estuche del alma.*

Nada se repite de la misma manera, los momentos son distintos, las personas cambian en cada minuto, cada situación es diferente.

Igualmente los positivos pesan mucho menos.

Los pensamientos negativos son recurrentes, a veces son situaciones que no estuvieron resueltas totalmente.

Tu mente quiere que, de algún modo, les encuentres una solución y entonces te aparecen en cualquier momento.

Y eso te angustia y te deprime: eso es dejar que tu mente entre en la memoria del dolor.

—**¿Qué puedes hacer cuando aparecen estas sensaciones dentro de la mente?**

—*Déjalas que aparezcan. No te resistas, siéntate tranquilo y piensa y trata de ver esa escena que te angustia.*

Haz de cuenta que estás viendo una película. Pasa la imagen más lentamente o con más rapidez, agrégale colores a la imagen o déjala en blanco y negro.

Uno es lo que piensa, y la forma en que recuerda los hechos que fueron pasando en su vida determina cómo va a actuar en el futuro.

Como el pasado no lo puedes cambiar, la mejor manera de defenderte de los recuerdos con peso es cambiar el modo en que los recuerdas; puedes agregarles colores, olores, sensaciones, y averiguar de qué forma ese recuerdo puede quedar superado o mejorado.

Recuerda: si tuviste una vez una experiencia negativa, para qué recordarla. No vale la pena gastar lágrimas nuevas en penas pasadas.

—Y dime, maestro, ¿cómo puedes dejar fuera de la valija las frustraciones, creo se sienten bastante pesadas?

—Mira, la frustración es como una pelota rellena de impulsos, deseos, trabajo, ilusiones, apegos. Cuando estás a punto de dar el puntapié inicial para lanzarla, la pelota se corre de lugar y no la puedes alcanzar.

Como no has resuelto esa situación, la pelota se queda botando a tu lado, haciendo el ruido característico de cuando la haces chocar contra el suelo.

Entonces, te aturde, te molesta y ya no quieres volver a intentarlo; pero tienes que entender que, si algo no se dio, fue por alguna causa desconocida para ti, aunque no le encuentres la razón.

Hay que ir liviano por la vida; todas las personas tienen que aprender a volar, aunque crean no tener alas.

Las alas crecen en el alma, en la mente, en los sentimientos.

Para qué llevar equipaje, si es tan lindo ser libre, y que esa libertad sea la que te da la ausencia de malos pensamientos.

Recuerda, Francesco, la próxima vez, nada de rencores ni de miedos.

El amor, la caridad, la bondad no pesan nada y son buenas compañías en todos los momentos de la vida.

10

La religión

Todos los ruegos llegan a un mismo Dios.
Todos los deseos llegan al mismo cielo.

La mención de la palabra "fe" provocó en Francesco una inquietud, y entonces, preguntó:

—**Dime, ahora que estoy en el Cielo, ¿cuál es la verdadera religión?**

—*Te contaré la historia de los anillos.*

Había un hombre poderoso y rico que tenía entre sus más preciosas joyas, un anillo muy valioso y bellísimo; y, queriendo honrar su valor y su belleza, lo quiso dejar para sus descendientes.

Ordenó que aquel de sus hijos que, después de su muerte, lo mereciera, lo tendría en su poder.

Sería el hijo más bueno y más noble; como consecuencia, a ese hijo tendrían que tenerle sus hermanos el mayor de los respetos. El anillo fue heredándose de generación en generación.

Hasta que llegó a manos de un gran hombre, quién tenía tres hijos igualmente maravillosos

Los hijos, conocedores del anillo, deseaban, cada uno ser mejor que los otros para que les tocara el anillo cuando su padre falleciera.

El padre, preocupado por no poder elegir entre sus hijos, que eran todos bondadosos, en el más profundo de los secretos mandó hacer dos anillos iguales al original, de manera que ni siquiera él pudiera darse cuenta de cuál era el original.

A punto de morir, en secreto, el padre le dio a cada uno su anillo.

Éstos, después de la muerte de su padre, tras obtener la herencia y el honor, y negándoselo a los otros, en testimonio de su derecho, sacaron sus anillos; los hallaron tan parecidos entre sí, que nunca pudieron saber cuál era el original.

Entonces quedó todo en suspenso; aún está en suspenso.

Cada religión tiene su herencia y su verdadera ley, cuyo mandamiento se cree obligada a cumplir; la verdadera religión es la que transmite la fe, que es lo que alimenta el corazón, lo que emociona, lo que llena de plenitud, lo que da fuerzas, pase lo que pase. Esa fe es tuya y nadie te puede convencer para que la tengas.

Si estás vacío por dentro, nada ni nadie puede llenar ese vacío. Si tú no permites que entre la fe, nadie lo hará por ti.

Para vivir, todos necesitan tener una cuota de fe sin fe; no hay felicidad duradera.

La fe crea confianza, da paz mental y libera la mente de las dudas y de las preocupaciones, de los miedos, la angustia y la ansiedad.

—Pero es muy común que uno, después de tener fe, la pierda ante el primer obstáculo que aparece en el camino.

—Si es fe con todas las letras, no la puedes perder nunca; pase lo que pase, tu fe te estará sosteniendo.

Tú no debes atribuirle toda la responsabilidad a tu dios; también debes tener confianza en ti mismo, justamente porque eres una partecita de ese Dios.

Y volviendo a lo que significa practicar la verdadera religión... es la que difunde y practica el amor, la solidaridad y la caridad hacia el prójimo.

Cada una de las religiones que tienen estas características pertenece a una cara de un gran diamante; entre todas forman el diamante completo y entre todas completan la verdad absoluta.

Cada religión tiene una parte de verdad y un mismo Dios, aunque tenga nombres diferentes.

Siempre hay un Dios que ama a las personas sin distinciones. Y ese Dios les dio virtudes para llegar a Él.

Una de esas virtudes es tener la posibilidad de elevar el alma a través de la oración, pero no se trata de repetir oraciones o palabra por palabra, sin siquiera pensar lo que se está diciendo.

La única oración que llega es la que se hace elevando el pensamiento y el alma.

Habla con tu dios como si fuera tu amigo, un padre o un hermano.

Si rezas con todos tus sentidos y todos tus sentimientos entonces sentirás que Dios está contigo y que te está escuchando.

Cuando rezas, Dios te escucha; cuando meditas, tú escuchas a Dios.

—**Lo que no me quedó bien claro es, si yo tuve tanta fe, si recé con todas mis fuerzas, ¿por qué no me salvé?**

—*Tú te acordaste de tener fe cuando ya estabas enfermo y no es que Dios no pudo escuchar tu pedido. Él sabía por qué motivo especial te quiso aquí.*

También lo que te enfermó fue tu propia falta de fe y de confianza, y los miedos que no superaste te ayudaron bastante a llegar aquí. Cuando pedías curarte, lo hacías más por temor a lo que vendría después de la muerte, que por un verdadero deseo que te impulsara a seguir viviendo.

—**¿Tú crees que soy de los que desperdiciaron esa vida?**

—*Yo creo que la has desperdiciado por etapas. Cuéntame en qué te considerabas bueno.*

—**Cuando era chico, me gustaba la música. Trabajé y trabajé hasta que me pude comprar mi primer instrumento; luego aprendí a ejecutar mis melodías preferidas, y fue pasando el tiempo hasta que lo hice cada vez mejor.**

A pesar de que era muy feliz con mi querido saxo, no creía que podría llegar a ser famoso. En el fondo, tenía miedo de tener compromisos y de no poder cumplirlos. Me fui limitando tanto que terminé dejando el saxo en un armario, y fue otra cosa más que jugó en mi contra. Para mí la música era un bálsamo, mi cable a la tierra.

Pero había algo que me molestaba y era que mi familia no reconocía mi talento para la música, y yo necesitaba mucho el reconocimiento de ellos; en cambio tenía la admiración y la aceptación de gente más ajena a mí.

—*Bueno, eso es muy común. Muchas veces, en su casa, uno deja escapar la peor parte de su personalidad; después de todo, uno no tiene que hacer cumplidos, ni sonreír si no tiene ganas.*

Para los que viven contigo, es natural todo lo que haces y, por más que acepten y valoren tus virtudes, es probable que no te lo hagan saber.

Acepta que el que tiene que reconocerse y valorarse eres tú mismo.

Uno transmite al otro lo que cree que es.

Si crees ser un sol, lo iluminarás con tus rayos. Si crees que eres tormenta, el otro verá los nubarrones y no se te acercará.

Tú eres un ser especial. Nadie puede ver como eres realmente, porque no te conocen de verdad.

Tu eres valioso porque eres parte de Dios y debes ser el primero en reconocer cómo eres y el primero en tenerte fe y en amarte.

❧ 11 ❧

Un viaje
al interior
de un alma

¿Quién no ha tenido en sueños la visita de un ser querido?

—**M**e estoy empezando a querer y no me siento tan culpable por no haberlo hecho mientras vivía. Te confesaré que aquí realmente me siento muy feliz, a pesar de...

—¿A pesar de qué?

—No, de nada.

—No me mientas, algo te pasa y no me quieres contar, tienes vergüenza.

—**Si te lo cuento, vas a pensar que soy un espíritu inmaduro.**

El maestro le contestó:

—¡Tú sí que eres gracioso! ¿Cómo es eso de "espíritu inmaduro"? ¡Todavía sigues poniéndote etiquetas!

—**Está bien, te contaré. Me preocupa mi familia; quisiera hacer algo para ayudarlos.**

—Supongo que ya puedes viajar y empezar a verlos y a encontrarte con cada uno de ellos, pero en orden.

—**¿Qué? ¿Es por orden alfabético?**

—No, Francesco, es por orden de percepción.

—**¿Y qué es eso?**

—Te quiero decir que, primero, tienes que mandarles una señal con mucho cuidado. No puedes aparecer en medio de la sala como una visita cualquiera. Seguramente te encantaría tomar una forma humana, bajar y decirles: "¿qué tal, cómo están? ¡Volví a visitarlos porque los extrañaba mucho!" Pero ¿qué crees que pasaría?

—**Se asustarían o pensarían que están locos.**

—Y hasta correrían el riesgo de infartarse y morir de emoción. Ése es el motivo por el cual no nos está permitido aparecer en forma de materia. Aparecer en sueños es lo más adecuado; de hecho la comunicación puede ser tan fuerte y real como lo que puede haber entre dos personas que están vivas.

Una de las cualidades que deben tener las personas que te van a soñar, es que sean receptivas; si no, no van a poder recibirte.

Hay personas que se comunican directamente con sus seres queridos, sin necesidad de hacerlo por intermedio de sueños; y pueden comunicarse porque sus antenas están totalmente abiertas para recibirlos.

—¿Cuál es el modo de comunicarse con mi familia?

—¿Escuchaste hablar de los viajes astrales?

—Escuché hablar de ellos, pero nunca me interioricé de qué se trataba; no olvides que era incrédulo en ese tema.

—Te lo explicaré. Te enseñamos a hacerlo; podrás llegar hasta tu casa en forma de luz y encontrarás a la persona más perceptiva de tu familia.

—¿Cómo sabré yo cuál es la más perceptiva?

—Será la que esté más armonizada, la más intuitiva. ¿Te imaginas quién será?

—Imagino que mi hija Florencia; en realidad, me gustaría poder verlos a todos. Si ellos no tienen estas aptitudes, ¿no podrán verme?

—Todos, en algún momento, podrán hacerlo.

—¿Cuándo llegarán estos encuentros espirituales?

—Mañana.

—¿Y cómo lo haré?

—Mañana te mandaré a Rosario, un ser sumamente dulce; ella se encargará de mostrarte el camino de vuelta. Será alguien muy importante en la última etapa de esta espiritualidad.

No te olvides de tratarla bien, está por demás decirlo.

—Por supuesto, sigo siendo todo un caballero.

—Entonces te veré en otro momento; apúrate a regresar a tu lugar de descanso y relájate, que mañana será un día muy especial.

Francesco pensó, durante toda la noche, qué sensaciones tendría al día siguiente, cómo sería atravesar el Cielo y volver a ver su casa, qué sentiría al ver a sus dos hijos y a su mujer.

¿Cómo sería entrar en el alma de su hija? ¿Qué pasaría si no lograba realizarlo?

Pensaba en qué pasaría si, después de verlos, decidía no regresar al Cielo, aunque esa opción seguramente no existía.

Todo esto lo angustiaba, lo llenaba de miedos, de dudas; esta estadía en el Cielo lo estaba volviendo más analítico de lo que había sido en su vida.

Era la mañana y el sol brillaba más que nunca.

Las nubes rosas iban pasando por la ventana donde Francesco tenía clavados los ojos. De pronto, sintió que lo llamaban.

La mujer que estaba de pie en la puerta de su cuarto era Rosario. Tenía un gran esplendor: ¡parecía una estrella dorada, sus alas eran multicolores! Su gran sonrisa le dio una cierta confianza; sabía que lo acompañaría y, de hecho, no podía tener un mal viaje con tan grata compañía.

—Hola, soy Rosario.

Francesco se presentó muy solemnemente. Rosario le preguntó:

—¿Estás preparado para el viaje?

—**Por supuesto, vámonos cuanto antes.**

—¿Te dijeron que es un viaje largo?

—**No, ¿cuán largo?**

—Lo que dure tu ansiedad; cuanto más te relajes y te tranquilices, más corto será el tiempo que tardaremos en llegar.

—**Prometo ser obediente y portarme bien.**

—No me prometas a mí; el compromiso es contigo mismo, porque esto lo haces por tus afectos.

—**Bien, me lo prometo.**

—Abre la ventana, Francesco, busca la nube que más te guste; sujétala y nos subiremos en cuanto me avises que ya la tienes.

—**Ven cerca de mí, que hoy pasan demasiado rápidas.**

—Eso es lo que tú crees; las ves más rápidas porque tú estás diferente y tu percepción de las cosas cambia de acuerdo con lo que ocurre en tu interior. Dejemos de charlar y toma esa que viene ahí; mira, es grande y podemos ir cómodos.

—**Rosario, ¡tus alas son tan grandes que no me dejan lugar!**

—*¿Siempre protestas tanto?*

—**No, solamente cuando las alas de alguien ocupan mi lugar.**

—*Bien, concéntrate y relájate; mira cuántos espíritus hoy decidieron, como tú, hacer su primer viaje.*

—**Rosario, me estoy sintiendo raro, no mal; te diría que demasiado liviano.**

—*Bueno, entonces espera que bajemos un poco más. Huele los azahares del bajo Cielo, es sumamente placentero.*

—**Sí, es delicioso; me encanta tener el cielo para mí, lleno de colores, sensaciones y olores dulces.**

—*Ponte de pie sobre la nube.*

—**Si lo hago, te aseguro que me caigo y, de hecho, llego a casa rompiendo el techo y caigo en medio de la sala.**

—*¡Hombre tenías que ser!...*

—**¿Qué quieres decir? ¿Acaso eres un espíritu feminista?**

—*No, claro que no.*

—**Entonces deja ese comentario de lado.**

—*Perdón, Francesco, mi intención no fue ofenderte. Ahora volvamos a lo nuestro. Allá abajo todo es gris; ahí está la frontera donde empieza el Cielo bajo. Eso es lo que puedes observar desde tu nube, o lo que verías si estuvieras paseando desde un avión. Vamos a atravesar la nube.*

—**¿Cómo?**

—*Francesco, te olvidaste de que tienes alas.*

—**Sé que las tengo, pero las usé siempre para desplazarme en pequeñas distancias.**

—*Si vuelas en pequeñas distancias, puedes volar en grandes, y si no te animas, la nube rosa va a volver a subir: ella no puede bajar más. Abre las alas y vuela; muéstrame el camino de la casa.*

Francesco logró volar como nunca, con sus alas desplegadas al viento.

—*¿Y qué tal lo hago?*

—*¡Muy bien, Francesco!*

—*¡Esto es increíble! ¡Me encanta, me siento como una criatura!*

—*Deja de jugar con el aire.*

—*No te enojes, Rosario. Ahora entiendo por qué me dijeron que te tratara bien; eres demasiado susceptible.*

—*Te equivocas, quizá sea exigente. No tenemos demasiado tiempo. En este mismo momento está amaneciendo en el país donde vive tu familia; si perdemos el tiempo, no podremos encontrar durmiendo a tu hija y te perderás entrar en su sueño.*

Francesco entendió lo que le dijo Rosario, dejó de jugar con las nubes y se puso serio. Se entristeció al pensar que no había nada como estar vivo y poder abrazar a sus seres más queridos.

Ahora él se había convertido en algo así como un fantasma.

—*No pienses eso* –le dijo Rosario.

Francesco sonrió, casi sin ganas.

—*Pon tus alas con la punta hacia arriba, pues estas nubes son de nieve y no te va a agradar atravesarlas.*

Siguieron bajando muy delicadamente, hasta que Rosario preguntó:

—*¡Puedes decirme cuál es tu casa?*

—*Sí, desde aquí la puedo ver; es aquella de rejas verdes... ¡pero siempre fueron blancas! Y ahora también hay perro.*

—*Seguramente a ti no te gustaban los perros.*

—*Nunca quise tener ningún animal en casa; tampoco permitía que cambiaran el color blanco de las rejas.*

—*No te sientas culpable.*

—*Me siento como un tonto; a veces uno es egoísta hasta en los detalles más insignificantes. Fíjate que uno se tiene que morir para que los otros puedan darse ciertos gustos.*

—Mira que eres complicado, Francesco.

—**Me gusta el perro, es un poco grande para mi gusto, aunque mi opinión en este momento no es demasiado importante. ¿Nos está mirando o es idea mía?**

—*Nos está viendo, nos escucha y nos siente. Algunos animales, por ejemplo los perros, son perceptivos y tienen un sexto sentido. Aunque te parezca mentira, pueden ver más que ustedes...*

—**¿Por donde entraremos?**

—*Dime tú por dónde quieres entrar; a mí me da lo mismo.*

—**Entraremos por la puerta principal, la que mira al jardín.**

—*Antes de entrar, Francesco, espera a que te dé las instrucciones.*

—**¿Instrucciones de qué?**

—*Olvidas que estás muerto; no puedes entrar abriendo la puerta con una mano, pues está cerrada con llave.*

—**¿Y ahora qué debo hacer?**

—*Ahora viene la mejor parte: empieza a girar sobre ti mismo, y te vas a ir transformando en un rayo de luz. Como todo rayo podrás entrar en donde tú quieras. Podrás recorrer todos los lugares sin hacer ruido, y entrarás en el alma de quien tú hayas elegido.*

—**¿Qué haces ahí parada? ¿Tú no vienes?**

—*¿Quieres que entre a tu casa?*

—**Sí claro, me encantaría; hasta podríamos tomar el té.**

—*Si tienen de manzanilla, lo aceptaré, ¡ja, ja, ja! Ahora apúrate, giremos en el sentido de las agujas del reloj, hasta que tú y yo nos transformemos en un haz de luz.*

A los dos les llevó sólo algunos segundos concentrarse para volverse rayos, y luego entraron por la ventana que estaba entreabierta.

Empezaron recorriendo la casa, habitación por habitación.

Su hijo no estaba:

—**¡Dónde se habrá quedado a dormir? –se preguntó Francesco.**

Rosario, leyéndole la mente, le dijo:

—Está en la casa de un amigo.

—**¿Por qué yo no puedo leer tu mente, como lo haces tú conmigo?**

—Todos nosotros podemos hacerlo, tú también; pronto te lo enseñaré.

Entonces, Francesco vio a su esposa durmiendo. En la mesita de luz había una foto de él y de ella, colocada junto a un ramo de margaritas amarillas. En la mesita de luz, al lado de la ventana, Francesco vio que había un papel; parecía importante pero Rosario no permitió que su amigo lo leyera.

—Acaríciala, si lo deseas –susurró Rosario.

—**¿Cómo?**

—Acaríciala, tócala con tu rayo de luz. Con tu espíritu dale amor y serenidad, que le están haciendo falta últimamente.

—**Aparte de sufrir mi muerte, presiento que hay algo más que la está preocupando. ¿Podrías tú, que parece que todo lo sabes, contarme qué le está pasando?**

—Después te contaré todo, ahora no es el momento. *Apúrate, entra a la habitación de tu hija.*

—**¡Ahí está!... ¡Qué placer volver a verla! ¡Qué grande y qué linda está! ¡Puedo acariciarla?**

—Claro que sí.

—**Hija, ¡te quiero mucho!**

—Entra dentro de su sueño.

—**Olvidas que nunca lo hice. ¿Cómo se hace?**

—Es más fácil de lo que crees. Atraviesa suavemente el centro de su frente y te encontrarás entrando en su sueño. Busca su inconsciente y podrás estar en lo más profundo de su ser.

—**Y después, ¿qué pasará?**

—Le dices lo que sientes, pero cuidado, no tienes permitido contar tu experiencia de allá arriba. Si haces eso, puedo sacarte repentinamente del sueño y te enojarías conmigo.

—**¿Por eso has decidido acompañarme?**

—¡No seas mal pensado, que yo no me lo merezco! Simplemente, los cuido a los dos. Ahora entra de una vez; ya te dije que nos queda poco tiempo.

Francesco hizo lo que Rosario le había indicado y ya estaba entrando muy suavemente en su hija.

Florencia estaba soñando que caminaba por la calle, con los apuntes de la facultad en sus manos, mientras buscaba un lugar donde sentarse a tomar un café bien caliente. Tenía que hacer tiempo para repasar algunas materias.

Ahí su padre hizo su aparición.

—¡Hola, hija, ¿cómo estás?

—¡Papá! ¿Qué haces aquí? —exclamó sorprendida, mientras se preguntaba cómo podía estar sentada frente a su padre muerto.

—Vine a contarte que estoy muy bien y, sobre todo, feliz de estar donde estoy.

—Se te ve más joven, como con veinte años menos.

"Esa es la ventaja de estar muerto, uno puede bajar a ver a sus seres queridos con la edad que elija", pensó Francesco, pero no se lo dijo a su hija.

—Dile a tu madre y a tu hermano que yo siempre estoy con ustedes y los ayudaré. Yo estoy orgulloso, porque mi jardín está floreciendo. Ahora cuéntame: ¿cómo estás, qué deseas para ti?

Florencia pensaba para sus adentros cómo podía estar soñando algo real.

—Yo, papi, ¡estoy muy cansada! No tengo ganas de estudiar más. Me pregunto, día a día, cuál es mi verdadera misión en esta vida.

—Cambia de carrera si consideras que ésta no llena tus expectativas.

—¿No sería un fracaso tener que volver a empezar?

—El verdadero fracaso es resistirte a los cambios por miedo o por dejarte estar. El tiempo lo pierdes si no haces lo que te gusta y, si no pruebas, nunca sabrás dónde está el verdadero camino hacia tu misión.

—¿Y dónde está la misión de cada uno? ¿Cómo nos damos cuenta de que estamos en el camino correcto?

—Misión es pasión. **Cuando sientas que lo que haces te llena el corazón y el alma, todo te estará indicando que estás en el camino correcto.**

—¡Me alegra tanto volver a verte! ¿Por qué tardaste tanto en aparecer en mis sueños?

—**Perdóname, no fue mi intención. No pude hacerlo antes y tampoco puedo contarte por qué. Ahora, dime una cosa: ¿tú llevaste el perro a casa?**

—Sí, ¿cómo lo sabes? ¿Ya visitaste la casa?

—**Sí, y el perro también me gustó. ¿Cómo se llama?**

—Se llama Pancho.

"Pancho, como mi ángel", pensó Francesco.

—**Pancho quizá te pueda dar una señal de lo que puedes hacer con tu carrera.**

—¿Qué haré?

—**Si sigues siendo tan desordenada, nunca podrás salir adelante.**

—¡Pero, papi, si yo vivo en la prolijidad y el orden! ¿Cómo puedes decirme eso?

—**Los desórdenes de los que te hablo son de adentro.**

Alguien lo sacudió y lo hizo salir del sueño repentinamente.

Florencia se había quedado dormida, pues el despertador no había tocado su alarma; su madre la estaba despertando sacudiéndola muy dulcemente.

Francesco creyó que la responsable de la sacudida había sido Rosario.

—Llegarás tarde a la facultad si no te apuras —acotó la madre de Florencia.

—Vamos, Francesco —dijo Rosario con voz entrecortada.

—**Sí, vamos.**

—Lo hiciste bien.

—Creo que sí. ¡Fue fácil, después de todo! Quisiera quedarme con ellas un poco más, déjame observarlas, ¡están tan lindas!

—*Puedes quedarte sólo un momento. Estaré esperando en el jardín; mientras tanto, jugaré con Pancho.*

—*Pancho, deja de ladrar, despertarás a los vecinos. Mira si serás miedoso, creo que eres el único perro que le teme a los espíritus.*

—Rosario, ya está; cuando quieras, nos vamos.

—*Mira, Francesco, este perro, así como lo ves, inquieto, barullero y desobediente, va a poder darle afecto a cada uno de ellos y los va a acompañar para que su soledad no sea tan fuerte. ¿No te vas a poner celoso de Pancho?*

—¿Qué cosas dices, Rosario? No, no me voy a poner celoso. Vamos.

—*Sí, vuélvete a relajar, armonízate, y sube despacio, porque subiendo, también cambia la percepción de lo que ves. Mira qué linda es tu colonia desde arriba.*

Después de todo, estar muerto tiene sus ventajas; puedes viajar sin gastar dinero.

—Claro que sí; tampoco tienes que trabajar.

—*Sabes, Francesco, cuando yo hice la primera visita a mi familia, fue muy fuerte lo que sentí. Había muerto de una enfermedad muy cruel.*

Tenía cuarenta años y dos hijos mellizos de diez años. Después de haber luchado mucho tiempo con mi enfermedad, morirme fue un placer, y hacer mi primer viaje para visitar a mi familia me llenaba de alegría. Pude entrar en uno de mis hijos. Pude sentir que aún seguía siendo su mamá; a pesar de todo, podía sentir que los acariciaba, que podía quererlos y cuidarlos. A través de varios sueños, les mandé algunos mensajes, y ellos y yo nos quedamos mucho más tranquilos.

El soñarme hacía que tuvieran más fe, que se sintieran mejor y más cerca de mí.

—¿*Pudiste entrar en todos?*
—*Sí, en todos.*
Ahora sube las alas, que atravesamos las nubes del bajo Cielo.
—**Están frías; parece que el viaje de vuelta es más corto.**
—*El regreso siempre parece más corto; el viaje de la ida está siempre cargado de ansiedad, por eso parece más largo.*
—**Rosario, ¿qué papel tapaste con tu mano que no quisiste que mirara?**
—*Espera que lleguemos, después te contaré.*
Fueron subiendo más y más, fueron apareciendo los olores, los colores y los murmullos del primer Cielo.
—*Se te ve contento, Francesco; tienes una luz muy bonita.*
—**Gracias por acompañarme, Rosario.**
—*No tienes que agradecerme nada. Te dejaré para que descanses y luego te contaré lo del papel que no dejé que vieras.*
—**Me quedaré toda la tarde en el jardín, quiero ver cómo están mis flores.**

EN EL HOGAR DE FRANCESCO

En la casa de Francesco, el desayuno estaba servido en la mesa: té caliente, huevos, mantequilla.

Florencia tenía un brillo especial en los ojos y los rasgos de la cara mucho más relajados; sus pómulos estaban rosados como por el sol. Algo le había pasado mientras dormía, que la había hecho levantarse tan bien.

Elena, su madre, la llamó para que hiciera entrar a Pancho, que había ladrado sin parar durante toda la madrugada.

Su hermano todavía no había llegado de la casa de su amigo, así que estaban las dos solas con el perro.

Florencia rompió el silencio:

—*¡Mamá, soñé por primera vez con papá! Fue un sueño muy real, no me pareció un sueño como cualquier otro. Pareciera que él* hubiera estado realmente conmigo. ¿Puedes creer que yo sentí que fue algo más que un sueño?

—Claro que creo que lo sentiste a tu lado; yo no he tenido la suerte de soñar con él, aunque le he pedido muchas veces a Dios una señal que me indicara que lo tiene a su lado.

Claro que creo que lo sentiste a tu lado.

Después de que tu abuelo falleció, yo lo soñaba con frecuencia; es más, hasta contaba lo que iba a suceder en el futuro. Cuéntame cómo era el sueño.

—Estábamos los dos sentados en un café, aparentemente era un lugar cercano a mi facultad. Charlábamos mientras saboreábamos un rico café. Él parecía tener veinte años menos, llevaba puesta una camisa a cuadros azules y naranja, con cuello ancho de color blanco. Se le veía muy bien. Mamá ¿qué te pasa?, ¿te sientes mal?

—Sigue, por favor, después te cuento.

—Mamá, ¡estás pálida!

—Puede ser. No te preocupes, ya me siento un poco mejor.

—¿Sigo?

—Sí, ya te lo había pedido antes; no te hagas la misteriosa.

—Me dijo que estaba muy bien, que nos teníamos que quedar tranquilas, que él siempre estaría cerca de nosotros. Me contó que había visto la casa y que Pancho le había parecido muy gracioso.

—¡Es increíble lo que me estás contando! Sigue.

—Dijo que yo tenía que ordenarme o algo así, como que estoy equivocada con la carrera que elegí, y que Pancho me daría la señal correcta de lo que debería seguir.

—¿Qué señal te puede dar un simple perro?

—No sé, mamá. ¡No tengo ni idea! Esto es muy extraño, también habló acerca de un jardín con rosas.

—¿Querrá que le llevemos flores al cementerio?

—No sé; a mí se me ocurre que tendríamos que plantar algunas rosas y cuando florezcan se las ofrecemos a papá.

—Yo le voy a llevar flores al cementerio.

—Yo no. Papá está conmigo y no en ese lugar, pero si ir te deja más tranquila, entonces hazlo.

—Déjame que te cuente por qué me asombré cuando me estabas contando el sueño. Esa camisa que tenía puesta tu padre, en ese encuentro que tuviste, se la había regalado yo en el primer aniversario de novios; a él le encantaba usarla. Tú nunca la conociste, porque se la regalé antes de que tú nacieras. Y no creo que la pudieras relacionar con alguna foto, porque no recuerdo ninguna con esa ropa.

—¡Entonces, papá apareció realmente! No fue un sueño producto de mi inconsciente, ni porque lo extrañara.

—Sí, estoy segura de que es así. Realmente se ha comunicado contigo; ha bajado a darte todos esos mensajes.

—Hija, ¡me gustaría tanto que él estuviera en este momento con nosotros! Seguro que no estaríamos en estas condiciones. Por eso es tan importante ser independiente, para que, si el bastón de la persona en la cual te apoyas te falta, puedas salir adelante caminando sola, y no como yo, que dejé que la vida transcurriera, mientras me apoyaba en todos ustedes. No solamente siento su ausencia, también me pregunto qué tengo que hacer para sacarlos del pozo en que estamos metidos. No he podido superar su muerte y vivo preguntándome por qué nos pasó esto a nosotros.

—Mamá, la muerte es parte de la vida; pregúntate: "¿por qué, si le pasa a tanta gente, no tendría que pasarnos a nosotros?"

—Si bien no entiendo cómo puede él ayudar desde arriba, no tengo dudas de que sabrá cómo hacerlo. Tu padre fue un buen hombre y, si es cierto que las almas buenas van al Cielo y están al lado de Dios, entonces tenemos que pensar que él ya estará trazando un plan, para que nosotros estemos mejor.

—Bueno, mamita, no te preocupes y confía en mí; este sueño dio paz a mi mente y a mi espíritu.

—Entonces, ahora que estás en paz, te contaré lo que tanto me preocupa. Ayer llegaste tarde y no quise angustiarte, pero ahora es el momento de que sepas la verdad, lo que está sucediendo.

—¡No des más vueltas! ¡Me estás impacientando, mamá!

—Llegó un papel del banco; dice que si no pagamos lo que debemos nos rematarán la casa y todos nosotros iremos a parar a la calle.

—¿Eso era lo que te tenía tan preocupada? ¿Por qué me lo ocultaron? Yo ya no soy una niña que no se da cuenta de nada. ¿Y mi hermano lo sabe?

—Sí. No queríamos preocuparte; estabas en plenos exámenes y no ganábamos nada diciéndotelo antes. Aprende que hay un momento para cada cosa.

—¿Y ahora qué vamos a hacer?

—Esperar, hija, no nos queda otra. Confiemos en ese bendito sueño, en esa ayuda que tu padre ha prometido.

—Si la ayuda es espiritual, ¿nos servirá?

—Todo nos servirá. Ya verás, todo saldrá bien. Te lo aseguro.

—Mami, abrázame fuerte, déjame sentarme encima de ti, como cuando era chiquita. No sé como, pero algo me dice que Dios y papá son amigos y que nos van a ayudar.

❧ 12 ❧
El maestro de la prosperidad

La parte material es importante y necesaria para las personas.
Lo que deben entender es que los apegos traen frustraciones.
Es bueno el dinero, siempre que no te hagas esclavo de él.
Cuando el dinero falta, las personas se desesperan;
lo que no entienden es que siempre hay
nuevas posibilidades de recuperar las pérdidas materiales.
La prosperidad no deja a nadie de lado.
Simplemente hay que saber esperar.
Si quieres recompensa, no te olvides
de ser generoso con quienes te pidan ayuda.
Porque lo que no se da, se pierde.

Estaba Francesco en el jardín junto a las rosas y al silencio del que se había hecho amigo.

Se sentó en el árbol preferido, a descansar.

Se quedó dormido, repuso fuerzas y, cuando despertó, algo le llamó la atención: ¡sus rosas estaban marchitas! Se preguntó si había sido negativo para su familia que él los hubiera ido a visitar.

Estaba preocupado; buscaría a algún maestro que le pudiera explicar esto que pasaba en su tan querido jardín.

Impaciente, buscó a algún maestro, pero estaban ocupados con sus discípulos. Rosario había viajado a acompañar a otro espíritu, y Pancho, su ángel, estaba jugando. Se acordó del perro; quizás cumpliera el papel de ángel en su casa.

—¡Hola, Francesco! —*le dijo un ser gordito y con una barba gris muy larga.*

—*¿Y tu quien eres?*

—*Soy Yanino, el maestro de la prosperidad.*

—*Yo necesito que alguien me explique algo que me tiene preocupado. Pero quizá tú no puedas hacerlo.*

—*A ver, déjame decidir si puedo hacerlo o no.*

—*Yo tengo un jardín y, por cada buena acción de mis seres queridos, florece una rosa. Así se fue poblando de flores, pero ahora están marchitas y da la casualidad de que yo, esta madrugada, visité mi casa y entré en un sueño.*

—*"Da la casualidad", dijiste; dices mal, es la causalidad. Las flores no solamente reflejan las buenas acciones; también sus inseguridades, porque todos esos sentimientos los puedes interpretar como acciones negativas para uno mismo.*

—*¡Quieres decir que ellos están mal?*

—*Sí, están muy preocupados.*

—¿Qué es lo que les está pasando?

—Rosario no te dejó ver un papel que estaba en la mesa de luz de tu habitación.

—Yo le pregunté qué era ese papel y ella me respondió que después me contaría. Pero todavía no sé nada. ¿Qué es ese papel?

—Tu familia tiene problemas económicos: tu casa está hipotecada. Tu mujer no encuentra la forma de hacerse cargo de la deuda; en el término de una semana, les rematarán la casa.

—¿Rematarán mi casa, dices? ¡Esa casa que me costó toda la vida poder tener!... ¡Por Dios, todo esto es totalmente injusto! Yo fui poco previsor; nunca pensé que podía enfermarme, y menos morirme. La culpa es mía.

—No digas eso; si tú hubieras sabido que algo así te podía suceder entonces, habrías tomado algunas precauciones.

—¿Y ahora qué irá a pasar? Son personas buenas, honestas. Siempre ayudamos a nuestros amigos, a nuestros familiares. ¿Ahora dónde están todos ellos, por qué están tan solos, por qué la gente es tan ingrata?

—Tranquilízate, Francesco. Todavía te falta aprender muchas cosas de la vida.

—¿Cuáles?

—Tú has ayudado a mucha gente, porque ésa era tu forma natural de actuar. Fue lo que te enseñaron tus padres, lo que aprendiste en tu crianza. No te puedes arrepentir de haberlo hecho de ese modo; si te volviera a pasar, volverías a hacerlo exactamente igual.

—Estoy de acuerdo, pero, ¿de qué sirvió? ¿Dónde está toda esa gente? ¿Por qué no se acercan?

—Te daré un consejo; no te arrepientas de lo que diste de corazón.

—No me arrepiento. Sólo digo que muchas veces eso de que "uno cosecha lo que siembra" no es real.

—No se da para recibir; cuando diste, lo hiciste sin sentirte obligado y hasta te deberías haber sentido bien mientras lo hacías.

—Por supuesto que me he sentido bien, pero no contestas a mi pregunta.

—Algunas de las personas que rodean a tu familia no saben de qué modo ayudarlos, y otros ni siquiera están enterados de lo que les está pasando. Si lo supieran, no dudes que les prestarían ayuda.

—¿Por qué, entonces, no pidieron ayuda?

—Porque son orgullosos; quieren arreglárselas solos y, a veces, solo no se puede.

—¿Quién los podrá ayudar?

—Tu hermano mayor.

—Pero mi hermano mayor es egoísta; ellos no se lo pedirán.

—¿Sabes cuál fue tu error con él? No perdonarlo. Tu hermano es un poco conservador, muy orgulloso, pero tiene buen corazón.

—Yo no opino lo mismo. No le guardo rencor, pero no creo que sea la persona indicada. ¿No hay otra opción?

—Siempre hay otras opciones, otras soluciones, otras oportunidades. Pero están tan asustados que no pueden ver la salida a sus problemas.

La gente no entiende que, cuanto más preocupada, asustada y ansiosa se vuelve, menos aparece la solución.

Ni siquiera están unidos para poder tirar juntos de su carro.

Tu hijo no quiere esa casa: su energía juega en contra de su objetivo.

Tu hija está en contra del mundo entero y, por supuesto, el banco, que tampoco tiene nada de santo, desea quedarse con la casa.

¿Sabes cuál fue la frase más usada en tu casa?

—No.

—"¡Qué mala suerte tenemos!" ¿Te parece que es manera de encarar una situación que hay que resolver?

—¿Y tú qué sentirías si se te muere un ser querido y luego te quedas en la calle?

—Si estuviera en lugar de ellos, yo diría lo mismo.

—¿Y entonces?

—Yo estoy aquí, y desde este lugar todo resulta mucho más fácil. La vida no es tan complicada, te diría que es perfecta; ustedes la descomponen, la complican, la subestiman.

—**Dime cuál es la solución y yo se las transmitiré.**

—Hay que aprender que, a veces, las cosas que uno desea no siempre son las que nos convienen; con esto te quiero decir que las cosas que algunas veces crees que traen mala suerte, en realidad pueden traer buena suerte. Ante eso, es bueno dejar que las situaciones fluyan solas, sin forzar nada, porque lo que se fuerza nos trae frecuentemente problemas. ¿Tú sabes que la mala suerte o la buena suerte no existen?

—**No sé de la buena, pero de la mala, te aseguro que sí. Creo que la vida está más llena de cal que de arena y, cuando viene la buena, si viene, lamentablemente dura poco.**

—Francesco, ¡qué facilidad tienen ustedes para desanimarse y dudar de que las cosas buenas no pueden estar siempre! Éste es mi punto de vista; quizá sea mi verdad, no la verdad absoluta, pero es la que me sirvió para recibir las señales de la buena suerte mientras vivía. Cuando te propusiste algo, siempre lo hiciste con entusiasmo y con una intención buena, ¿no es así?

—**Sí.**

—Cuando lo lograste, ¿sentiste que fue por buena suerte o casualidad, o por los esfuerzos y la energía que pusiste para realizar ese objetivo? Cuando te empezaban a ir bien las cosas, ¿qué te decías?

—**Me decía que estaba todo bien.**

—¿Tenías miedo de que esa racha se cortara?

—**Sí. ¿Cómo lo sabes?**

—Lo sé. ¿Te olvidas de que yo también estuve en otra época?

—**Yo no podía creer que lo bueno fuera eterno, ni que mis proyectos fueran perfectos.**

—¿Y entonces?

—**Aparecieron los obstáculos y empecé con la mala suerte; todo fue decayendo, hasta terminar perdiendo todo.**

—¿Qué es lo que te hizo fracasar, la mala suerte o la falta de seguridad en ti mismo? ¿Los miedos que se cruzaron por tu camino o la mala onda de tu vecino?

—**Yo fui responsable por mis errores, mis fracasos; no era mi suerte, era mi mente.**

—¿Sabes lo que es la suerte? Es estar con las antenas puestas. Para encontrarse en el momento justo con la situación necesaria que ayude a cumplir tu objetivo.

—**¿Y cómo se hace?**

—La respuesta a todo en la vida es estar atento. Acuérdate siempre de esto. Sabes que las casualidades no existen. Si las oportunidades aparecen cuando las necesitas, entonces tómalas. Tú no sabes cuándo te aparecerá la otra.

—**¿Y entonces no es que la suerte viene de una mano que sale de arriba, que te elige para ser recompensado? ¿Todo está escrito? ¿Por qué hay personas con estrella y otras que nacen estrelladas?**

—Dios y el universo son las manos a las cuales te refieres. Él te ha dado todo para que no te falte nada. Él es el dueño del libro de tu vida. Tú eres el que eliges cuándo y cómo escribir tus páginas. Él sólo tiene escritos los capítulos de tu vida, que no son otra cosa que las etapas importantes que transitará cada persona, como nacer, la niñez, la adolescencia. Hasta tú le pones el nombre a esos capítulos, diciendo que tuviste una niñez feliz o una adolescencia triste.

—**Entonces, casi todo depende de nosotros.**

—Algunas cosas que te pasan dependen de ciertas acciones tuyas que causaron dolor a otros en tu vida anterior. Y eso es lo que tienes marcado para que suceda, pero hay mil maneras de que esas acciones y sus consecuencias se transformen fácilmente, sin sufrir.

—**¿Cuáles serían esas acciones? Dame un ejemplo.**

—Haber hecho una injusticia en otra vida, haber dañado intencionalmente a alguien.

—**¿Quienes lo hacen tienen que sufrir en la próxima vida?**

—La palabra correcta sería "aprender". Y aprender, a veces, trae dolor y sufrimiento.

Tener situaciones kármáticas para resolver no significa estar castigado, sino tener que pasar por ciertos aprendizajes, simplemente para superarse a sí mismo.

Por eso, cuando a alguien le sucede algo que no le gusta, tendría que preguntarse: "¿qué tengo que aprender de esta situación?"

—**¿Puede ser que un golpe de suerte o un viaje estén escritos?**

—No, tú escribes; un golpe de suerte se da cuando estás abierto para recibir la señal de la buena suerte. Un viaje lo decides tú; si lo emprendes con entusiasmo, acompañado o solo, alegre o triste... eres tú el que lo puede hacer o no. Si lo realizas sin ganas o con pena o con pensamientos negativos, entonces se convertirá en un viaje desagradable. Si no disfrutas del viaje, es probable que no goces cuando llegues.

Te has quedado pensativo, ¿puedo saber qué te está pasando?

—**Pienso en mis seres queridos. ¿Tú crees que mi familia, en estos momentos, no está atenta a la buena suerte?**

—Mira, no está atenta porque está asustada, y tú aprendiste que el miedo paraliza. Ellos tienen apego a esa casa, dicen que a ti te costó mucho esfuerzo construirla, que está llena de recuerdos. Te digo más: ¡ojalá supieran desprenderse de esa casa! Aunque vuelvan a empezar, sería una liberación para todos.

—**¿Cómo puedes decirme eso? Es cierto que esa casa costó mucho esfuerzo, muchas lágrimas, años de sacrificio, años de privarnos de ir de vacaciones...**

—Puesto en la balanza todo lo que me estás contando, ¿valió la pena tanto sacrificio? Contribuyó a que pagaras parte con tu propia vida. ¿O de dónde crees que vino tu enfermedad? No precisamente de tus alegrías.

No contestas nada, porque sabes que tengo razón. Te das cuenta de que los objetivos a grandes plazos se pagan muy caros, de que los apegos te hacen sufrir. Tú no estás y ellos siguen apegados a tu recuerdo; no digo que esté mal, ni que sea fácil poder olvidarte pero, cuanto más se apeguen, más te extrañarán. El tiempo pasa ingratamente para ellos, porque quedaron suspendidos en él; se quedaron paralizados el día de tu muerte y ahí están ahogándose en un mar sin fondo.

—¿Por qué dices que perder la casa sería una solución?

—Si están atentos, no la perderán en su totalidad. Esa casa cumplió un ciclo; ellos necesitan renovarse. Tu mujer está sola casi todo el tiempo; le vendría bien mudarse a un hogar más céntrico; podría salir a cualquier hora y encontrarse con gente. Tu hijo pronto crecerá, y tu hija se adapta y acepta los cambios sin problemas.

—¿Cómo es estar atento?

—El banco les va a proponer refinanciar esa deuda; si la aceptan, terminarán perdiéndolo todo. Lo que tendrían que hacer es salir a pedir ayuda a alguien que los quiera y, si lo hacen, la ayuda aparecerá. Luego, podrían saldar la deuda con más tranquilidad. Más tarde, podrán mudarse a una casa más pequeña y más segura. Tú sabes que las cosas suceden para bien o por mal. Uno nunca lo sabe.

—Por más que me ponga creativo y piense en cuál es la mejor solución para que mi familia salga adelante, no se me ocurre nada. Temo que tengas mucha razón en los pasos que ellos tendrían que seguir para salvar la situación, pero tengo la sensación de que se quedarán desesperados y perderán todo.

—Podrás bajar y mandarles alguna señal sobre cómo deben moverse para lograr la estabilidad perdida.

—¡Me encantaría poder ayudarlos! ¿Podría ir ahora mismo?

—Espera, espera, habrá tiempo; ahora te ruego que me escuches. Voy a hablarte como si fueses una persona que aún vive en la Tierra. En la vida, el dinero es simplemente un medio, no un fin. Tú con el dinero no puedes comer, ni vestirte, ni viajar; lo puedes utilizar si lo cambias por esas cosas.

Es sólo un papel que tiene valor, según el país; y además varía para cada persona. Te diría que el dinero es personal. Tienes que dejarlo circular para que no te termine ahogando; es como la sangre, que debe circular todo el tiempo. Tiene que tener la medida justa, que es como la medida de los zapatos: no tienen que ir demasiado justos ni demasiado grandes.

Es importante que sepas que la prosperidad es para todos. Dios le da todo lo que necesita a todo ser, para que viva con dignidad; lo malo es que la mayoría de las personas nunca se conforman. Cuanto más tienes, más quieres. No hay que dejarse vencer, pero todo tiene un límite. No puedes apegarte a lo material, porque no te dará más que esclavitud; uno se hace esclavo de lo que tiene.

Si tienes, disfrútalo y aprende a compartir, a dar; puedes poner tus energías en ayudar a quien esté dispuesto a que lo ayudes y lo pueda aceptar. Piensa que lo que no se da, se pierde.

Si no tienes dinero, no te aflijas. Quizá la rueda de la fortuna esté detenida por un tiempo. No pelees, ni busques culpables aunque los haya; tus energías se dispersarán y no tendrás fuerzas para mover la rueda.

Tú debes ser positivo, tenerte fe; busca ayuda, si ves que no puedes solo. Aunque más no sea, busca a alguien que te dé una simple palmada en el hombro, como símbolo de apoyo y afecto. Acepta que todos tenemos momentos difíciles, de sufrimiento, y ese sufrimiento radica en tener la ilusión de apegarse a algo.

La prosperidad y la abundancia existen. No es malo tener una buena posición económica; lo que está mal es apegarse a las cosas a tal punto que lo que hoy te trajo satisfacción, al cabo de un tiempo te traiga frustración.

¡Cuántas veces uno, sin tener problemas verdaderos, encuentra algo nuevo para preocuparse! O, simplemente, uno se siente triste, sin saber el motivo.

Entonces, yo te pregunto: ¿no es que a las personas siempre les faltan cosas? Y, cuando consiguen eso, les falta otra cosa más.

Por supuesto, existen otras cosas más importantes que el dinero, y te das cuenta cuando te falta eso que no se puede comprar. Piensa que, si tu familia no está bien de ánimo, estará poco próspera. Tienen que saber juntar sus energías para generar prosperidad. La abundancia es como el agua del océano: hay agua para todos. La diferencia está en que ellos hoy la juntan con una pequeña jarra y mañana la podrán estar juntando en una gran tina.

Uno nunca sabe cuál es su real tesoro. Quizá es lo que cada uno tiene y nada más. Es difícil aceptarlo en una sociedad de competencia y consumo.

Cómo entender que, en ciertos lugares donde hay pobreza y muerte, las personas vivían con alegría, aceptación y gran espiritualidad. Sus costumbres y su filosofía están en el desapego y en buscar la liberación total del alma. ¿No será que ese modo de sentir trae la verdadera felicidad interior?

Porque, si buscas la paz interior en los apegos, tendrás paz por momentos, pero no será duradera. Lograr estar en paz con uno mismo es una tarea difícil. El secreto es saber calmar tu mente. Las personas tienen que aprender que la vida es estar donde quieres, con quien quieres, y aceptar lo que te tocó vivir con humildad y coraje. Deben comprender que el tiempo de aprendizaje para cada vida allá abajo es muy corto, visto desde aquí arriba.

—**Maestro, ¿por qué no bajan algunos de ustedes y les dan una conferencia de prensa a ellos, ya que todavía les sirven sus enseñanzas?**

—Porque nadie nos creería; nos encerrarían como a locos. Tendríamos que mentir para poder salir de una situación como ésa.

—**¿Hubo espíritus que fueron a dar mensajes a las personas?**

—Fueron muchos los que tuvieron esa misión.

—**¿Y qué pasó?**

—Algunos fueron escuchados, y algunas personas pudieron cambiar y mejorar situaciones de su vida. Pero, después de un tiempo desde la aparición de los maestros, a ciertas personas se les olvidaron las enseñanzas de las lecciones aprendidas.

Las personas tienen una gran facilidad para recordar lo que les hace daño y para olvidar lo que les hace bien. Lo bueno lo escriben en la arena y lo malo en el bronce.

—**Tienes razón, somos muy difíciles y complicados.**

—Quizás en estos tiempos, en tu mundo, se encuentre gente buscando, desde lo mental, desde la fe o desde lo espiritual, un camino que los oriente para encontrar la felicidad.

—**¡O no! A lo mejor son más felices, si no se analizan tanto, si no se detienen a pensar en nada. A veces, el que no piensa es más feliz.**

—No, Francesco, lo ideal no es andar por la vida sin saber para qué se está. Por supuesto, hay personas que son felices sin preguntarse por nada. Para Dios, lo importante es que sean felices de la mejor manera posible. Puede haber personas que no busquen respuestas sobre su propia vida. Pero, si empiezas a transitar por el camino de la búsqueda, entonces hay que armarse de paciencia, para poder encontrar las respuestas a los "porqués".

Una vez que entras en ese camino, no puedes salir, porque te sientes atrapado por saber más y más. Pero no te aflijas, si por el momento el camino te resulta agotador; a la larga, la riqueza interior que lograrás tener te colmará el alma y serás feliz.

Ahora, para recordarte lo que eres, quiero que vuelvas a tu jardín y hables a tus rosas para que se reanimen. Después de todo, es posible que tu energía le llegue a cada uno; tranquilízate, todo saldrá bien.

—**Debo agradecerte por ayudarme con esta plática. Me hizo entender ciertas cosas que antes no comprendía.**

—Me debes un favor.

—**Dime cuál.**

—Enseñar a quien llegue a este lugar lo que has aprendido hasta ahora.

—**No creo que lo pueda hacer; ¡no estoy preparado! Por ahora siento que todavía necesito escuchar más enseñanzas de mis maestros.**

—Cuando hayas escuchado lo suficiente, tendrás la necesidad de transmitirlo y no podrás guardártelo, porque no es sólo tuyo.

Respeto que no lo quieras hacer por ahora, pero acuérdate de que tienes una deuda conmigo y contigo.

—**Prometo hacerlo; sólo necesito un poco de tiempo.**

—Estoy seguro de que serás muy bueno transmitiendo tus experiencias.

Mañana tendrás un día muy especial.

—**¿Podrías decirme por qué?**

—Ya lo sabrás, Francesco. Ahora te dejo. Debo irme pues hay un amigo que me está esperando ansioso.

❧ 13 ❧

Recordando
la inocencia

La niñez es la etapa mágica más importante
de las personas.

Otra vez en el jardín, Francesco acarició cada flor. Les habló y hasta las refrescó con rocío del Cielo. Aparecieron mariposas jugueteando entre las rosas, y las rosas volvieron a renacer, pero no por casualidad. Porque las casualidades no existen. Ni en el Cielo ni en la Tierra.

De pronto, apareció Pancho, su querido ángel. Juntos contemplaron el jardín y recordaron cuando Francesco era chico y hablaba con él, compartiendo con ingenuidad sus juegos. Son los juegos donde parece que los niños hablan solos, se contestan y se ríen, con un interlocutor que los adultos interpretan como imaginación de las criaturas, y que es ese amigo invisible.

—¿Te acuerdas, Francesco, cuando eras chiquito y caíste de la hamaca, perdiste el conocimiento y viste cómo yo te curaba?

—A ver, déjame hacer memoria... ¡Ah! Ya recuerdo; estabas vestido de rosa, un rosa que nunca había visto antes.

Flotabas en el aire. Me gustaba contemplar cómo me mirabas; tus ojitos me decían que me repondría pronto.

Tú estabas cuando le conté esa experiencia a mamá y ella, tomándome de la mano, me dijo que había estado soñando. El doctor comentó, en voz muy baja, que era producto de la caída. ¿Por qué será que los mayores son tan terrenales y sólo pueden entender lo que ven?

—Ya ves lo que se pierden. ¿Puedes recordar también todas las veces en que te hablé al oído, todas las veces en que te grité "cuidado", cuando estabas a punto de cruzar la calle sin mirar?

—Sí, recuerdo todo; ¿por qué, cuando llegué aquí, no lo recordaba?

—Porque ahora estás totalmente armonizado.

Te explicaré algo. Cuando eres chico tienes, hasta los seis años, un pensamiento mágico y estás abierto a recibir información de tus vidas *anteriores. No te olvides de que la inocencia es la característica fundamental que permite creer con mayor facilidad en lo que no creen los grandes.*

—**¿Será que a los adultos todas estas cosas les dan miedo?**

—*Puede ser que el miedo no los deje creer. Algunos no pueden entender el mundo de las criaturas; por ese motivo uno debe mantener en algún lado del corazón esa capacidad de sorprenderse, de jugar con la imaginación.*

No importa cuántos años tengas en tu cuerpo, la verdadera edad está en el alma.

—**Pancho, considerando que siempre estuviste a mi lado, ¿crees que desperdicié mi vida?**

—*Tuviste buenos frutos en el transcurso de tu ciclo en la Tierra. Tuviste unos hijos maravillosos, una esposa que te amó hasta el último momento de vida, un trabajo digno.*

Tú has sido un ser querido por todos los seres que elegiste para compartir tu vida. Quizás el error estuvo en quedarte con asignaturas pendientes, esas que, por algún motivo, dejaste que quedaran inconclusas.

—**Es cierto. Dejé muchas cosas sin hacer, no olvides que no fui del todo feliz.**

—*¿Y tú consideras que todas las personas pueden ser realmente felices?*

—**No lo sé, por eso te lo pregunto...**

—*¿Quieres saber de verdad lo que pienso, o buscas simplemente que te consuele?*

—**Quiero tu verdad.**

—*Tú solo te has frenado en los momentos importantes; te limitaste y no soportaste, luego, la sensación de los fracasos. No te culpo por no haber respondido que "no" cuando había algo que no te gustaba; te responsabilizo por no haber vivido hasta el fondo lo que te hacía sentir bien; siento que en algunas ocasiones no fuiste leal contigo mismo.*

—**Dime, Pancho: ¿dónde estoy yo, si mi cuerpo está en la Tierra y mi alma está aquí en el Cielo?**

—*¿Preguntas por tu ego o por tu esencia?*

—**¿Cuál es la diferencia?**

—*Toda tu esencia está aquí.*

Mira, Dios te regaló un espíritu que es la esencia de todo; es, según algunos sabios, una luz que durante tu vida contempló cada una de tus acciones; es parte que se mantuvo siempre bella. Es la que está al tanto de todo, y estuvo todo el tiempo a tu lado.

Le hubiese gustado haber seguido brillando como una lámpara de aceite encendido; pero en algunos momentos la has llenado de polvo y su luz ya no era tan refulgente; solamente se iluminaba cuando tu mente dejaba de tener pensamientos perturbadores; pero esto ocurría en muy pocas ocasiones.

Tu alma estuvo flotando por encima de tu cuerpo, unida a él sólo por un cordón de plata.

Ella es la única que perdura y perdurará por siempre; es la parte más importante, la mejor compañera de tu vida. Contactas a tu alma cuando estás en silencio.

Después de que tú abandonaras tu cuerpo, ella trajo todas tus experiencias, todos tus pensamientos, sentimientos, sensaciones. Ella era la que te llamaba la atención cuando algo funcionaba mal, e iba mandando señales de cada cosa que podías prevenir o solucionar.

En ella viven la percepción y la energía, viven la edad joven y la vieja. ¿Ahora tú quieres saber dónde habita tu otro yo o ego?

El ego o yo es todo aquello que te aleja de tu esencia. Los pensamientos, ideas, emociones, juicios, prejuicios, patrones de conducta, sufrimientos, alegrías, todo eso te envuelve y crea la falsa ilusión de que eres sólo este ego. El ego no permite que tu esencia se exprese libremente en tu vida diaria. El ego, como todo, también fue creado por Dios.

Tu yo, es decir, tu ego, es esa mente.

Esa mente o ego está preparada para enseñarnos cómo crecer, cómo comunicarnos, cómo amar y amarnos; esa mente sabe elegir, nos juzga y nos miente, nos maneja y nos entristece con pensamientos negativos.

Tu ego te convierte en una persona con muchas etiquetas; por ejemplo, te dice que eres Francesco, trabajador con pocas aspiraciones.

Ese yo o ego que te compara con otros hace que te sientas mal si te comparas con quienes crees que son mejores, y que te sientas mejor que aquellos que crees que son peores.

Ese yo, lleno de creencias, te convierte en esclavo de las vivencias que tuviste desde que naciste.

Ese yo siempre generaliza y dice que "nunca" te dieron tal cosa, que "todos" tus amigos son iguales, que te hace creer tal raza o tal religión es mejor o peor que otras.

Ese yo egoísta quería a alguien simplemente porque tenía tus mismos gustos. Orgulloso en algunas ocasiones y humilde en otras, ése es el yo que vivió en tu mente.

Tu cuerpo fue una buena herramienta para transitar el camino que te correspondía. Era importante que lo cuidaras porque era el vehículo que usabas y lo que te permitía tener las experiencias que tuviste como ser corporal; pero cumplió su ciclo y ahí está, cubierto de flores.

En tu alma está el yo superior, y es ella la que ilumina la mejor parte de tu ser.

—**El que me llenaba de amor y de energía está en mi alma, pero el que registré todo el tiempo fue el de mi mente. ¿Crees que la mente se puede convertir en una enemiga?**

—*Y en una amiga también.*

—**Pero parece que ella tuviera un poder muy grande.**

—Es que realmente lo tiene, como lo tienen los recuerdos y todo lo que vive en tu inconsciente. Es muy grande su poder; ella te hizo sentir bien o mal, alegre o triste, frustrado o triunfador.

¿Sabes qué importante son los roles que cumplen los recuerdos en tu vida? Cada acción se convierte en un pequeño o gran recuerdo, es *como si coleccionáramos recuerdos de cada etapa que transitamos por la vida.*

Es importante que quien está viviendo sepa que lo mejor es vivir su presente, con todos sus sentidos: viendo, oliendo, luchando, sintiendo, hasta el último momento, para tomarse hasta el último sorbo de vida; que no le quede nada sin sentir. Deja salir esos recuerdos del inconsciente; si revivirlos te hace sentirte bien, entonces déjalos dentro de ti; y, si son negativos, es bueno que los aceptes y que cambies el final de esos recuerdos, aunque sea un final ficticio. Sería como guardarlos en una forma prolija y armoniosa, para que no se te aparezcan como una pesadilla o una película vieja que ya viste en tu pasado, pero que no te sirve tenerla dentro de ti.

Vive la vida hasta el fondo, de un modo útil y cómodo; deja que en tus pensamientos queden las películas que quieres ver, a la hora y el día en que tú lo decidas.

Deja solamente lo que te hace bien. Aprende a anclarte en lo positivo. Siempre que realizas alguna acción, piensa que es lo mejor que estás haciendo en ese momento, después te arrepentirás.

Piensa y recuerda lo que es bueno para ti.

—Pancho, mira, mientras estuvimos hablando, se abrieron las rosas; ¡fíjate cuántas han nacido! Es buena señal, ¿no te parece?

—Claro que sí. Ahora vámonos y mañana pasaremos a visitar este lugar tan querido por ti.

Francesco ya había perdido el cálculo del tiempo. Se preguntaba cuánto hacía que estaba en el primer Cielo. A pesar de haber visto a muchos espíritus en sus mismas condiciones, nunca se había encontrado con ningún espíritu conocido.

Cuando él vivía creía que al morir alguien se encontraba en el Cielo con sus seres queridos. Él no había visto ninguno; se preguntaba, con ironía, si estarían todos en el infierno. Se dijo a sí mismo que al día siguiente preguntaría para salir de la duda.

Mientras acomodaba sus alas volvió a recordar los problemas que aquejaban a su familia. Pensó que, estando en el Cielo, más cerca del jefe, tendría más posibilidades de obtener favores.

Tenía en su espíritu muchas preguntas que necesitaban respuestas. Quería saber cuánto tiempo más tendría que permanecer en ese lugar, qué pasaría después.

Reconocía que le gustaba ese lugar y se sentía cómodo. Le encantaba volar y cuidar su jardín, hablar con Pancho y con sus maestros, pero había algo que lo tenía sumamente preocupado, inquieto. Tampoco se animaba a preguntárselo a nadie, pero era muy importante para él saberlo: ¿conocería alguna vez a Dios?

Si tuviera la posibilidad de hablar con Él, ¿qué sería lo que le preguntaría? ¿Cómo sería tenerlo al lado? ¿La emoción de estar frente a frente lo dejaría hablar francamente con Él? ¿Se animaría a contarle todas las injusticias que vio mientras vivía? ¿O Dios lo acusaría de haber cometido demasiados errores y lo juzgaría, castigándolo?

¿Cuál sería el Dios al que supuestamente en algún momento conocería? ¿Sería el Ser misericordioso que se apiada y da amor o el Dios que castiga, poniendo a prueba la fe de cada uno?

"Demasiadas preguntas para un espíritu inquieto y curioso", se decía.

Francesco no tenía dudas de que Dios estaba ahí: era real, su amor era poderoso y con ese amor había creado a cada criatura que habitaba la Tierra o a cada criatura que vivía en otros planetas. ¿Cómo dudar de su poder, después de estar viviendo en el Cielo? ¡Si Él pudiera bajar y contarle a cada persona lo que estaba viviendo aquí arriba!

Hasta los colores que existen en el Cielo son diferentes; siguen siendo los colores conocidos, pero tienen otra intensidad, otro matiz, otro brillo; todo es diferente, todo es celestial, todo, exactamente todo, es extraordinario.

También tenía que reconocer que, aunque a Él no lo había visto todavía, sentía su presencia en cada cosa que lo rodeaba.

Cuando vivía, también hubo momentos en los que sintió su presencia con la misma intensidad con que la sentía ahora. Lástima que no había tomado conciencia de ello.

Francesco se quedó dormido pensando.

Se hizo de noche; el cielo tenía unas noches espectaculares; estrellas de todos los tamaños y todos los matices iluminaban el cielo azul.

Francesco descansó tanto que, al despertar, sintió que había dormido años.

Un sueño muy profundo lo había llevado a soñar que volvía a vivir y que era feliz. Soñaba que lo tenía todo y que lo valoraba tal como si alguien guardara un tesoro, celosa y cuidadosamente. Así había cuidado él, en ese sueño, su tesoro. Sabía que era importante valorar lo que le había costado obtener con tanto esfuerzo.

Francesco se despertó y, después de pensar en el sueño, se dio cuenta de que él había sido más feliz de lo que había creído. Él también había tenido un tesoro, que estaba completo, pero no se había dado por enterado; apenas ahora lograba entenderlo todo.

Lamentó no haberse dado cuenta antes.

"Será que nosotros, los humanos, tenemos la característica de valorar lo que tenemos justo en el momento cuando lo perdemos, nunca antes."

Cuando tenemos algo que nos hace bien, sentimos que es merecido. ¿Por qué será, si tenemos todo el derecho del mundo para merecernos lo mejor?

¡Por dios, qué complicados somos!

Después de haber hecho un balance de mi vida, puedo darme cuenta de que viví proyectando planes y deseos para el futuro, pero no pude pensar en detenerme y proyectar el presente. ¡Y pensar que toda la vida es presente!

Si hubiera tomado conciencia de que yo tenía un gran tesoro, al tener un espíritu que deseaba crecer y nutrirse de experiencia, y que mi tesoro era mío y de nadie más... y que ese tesoro no tenía nada que ver con el de los demás, mi vida habría sido totalmente diferente.

Mi vida era mía y de nadie más. ¿Por qué tenía que dar explicaciones de mis actos, cuando realmente no me interesaba hacerlo?

Mis padres me educaron para ser una persona de bien, pero no me enseñaron cómo vivir.

¿Quién me enseñó que todo era esfuerzo y que, si no llegaba hasta las últimas consecuencias, no podría cumplir mis objetivos, si en realidad, las cosas que tenían que venir llegaron solas, sin que yo presionara ninguna situación?

Cuantos más obstáculos, más me empecinaba, más enloquecía; todo era cumplir, y pensaba mucho cómo podían juzgarme los demás. No me daba cuenta de que el que más me juzgaba era yo mismo; mi propio juez y mi propio verdugo.

Y así fui viviendo y dejando de lado los pequeños momentos del presente, los que realmente llenaban mis días y mis noches.

Ahora advierto que aquí sigo siendo el mismo. El que sigue pensando dónde irá a parar mañana. No me doy cuenta de que, seguramente, cuando esto pase, es probable que después lo añore y consideré que "todo tiempo pasado fue mejor".

❦ 14 ❦
El señor del tiempo

Alguien golpeó su puerta de cristal, y Francesco lo invitó a pasar. Era un personaje muy raro; un viejo flaco, alto, con una barba muy larga. Sus ojos eran destellantes y, sus movimientos, lentos y armoniosos; dejaban cierto brillo en el lugar por donde pasaba.

Señalándolo con su bastón rosado, le dijo:

—¿Con que tú eres Francesco?

—Sí. ¿Tú quién eres?

—El maestro del tiempo.

—¿Qué tiempo? ¿El presente, el pasado o el futuro?

—El que tú quieras; puedo transformarme en el que más te guste.

—Pasa, por favor, y ponte cómodo.

—Te agradezco la invitación, pero quisiera que me acompañaras. Tengo algo interesante para mostrarte. Si estás dispuesto, subiremos a una nube y te llevaré a dar un paseo. Te mostraré el camino del tiempo; podrás hacerme todas las preguntas que quieras y pasaremos un día inolvidable.

—Sí, será un gusto acompañarte. Sólo dame tiempo para acomodarme las alas e iré inmediatamente. Disculpa que te haga una pregunta: ¿cuál es tu nombre?

—No tengo nombre porque no tengo etiqueta. Soy sólo un viejo que se transforma, según la ocasión que más guste a las personas. Llámame como prefieras; mientras tú vivías me llamaste con diferentes nombres.

—Entonces tú, al conocerme, tienes más ventajas en este encuentro, ¿no te parece?

—Me conocen todos los que viven allá abajo. Me has llamado tirano, corto, largo, pasado, presente, futuro. Todo tenía que ver con lo que estabas esperando de mí, pero yo no podía hacer nada más que estar a tu lado acompañándote.

Me encanta ver cuando me disfrutan, cuando ríen en mi compañía, cuando me toman como a un amigo. Son tan pocos los humanos que han hecho una amistad conmigo, que yo también me he sentido solo.

Pero, bueno no me quejo, éste es mi trabajo. No descanso, tengo todo para cumplir con ustedes mismos. Para los que esperan o los que sufren, según ellos, paso despacio.

Para los que están enamorados y se sienten felices, paso con rapidez. Y yo me pregunto: ¿cómo puede ser?, si siempre soy el mismo. Soy igual para el rico, para el pobre, para el hombre y para la mujer.

Nadie me entiende y aquí estoy, tratando de hacerme un nuevo amigo. Aquí arriba me es todo más fácil; todos me comprenden y me respetan.

—**A mí también me es todo más fácil en el Cielo.**

—Yo te diría que te es más llevadero, porque aquí aceptas y no esperas, porque el que espera, muchas veces desespera. Aquí te haces amigo de todo lo que te hace bien y en la vida te apegas muchas veces justamente a lo que no es favorable para ti.

Bueno, ahora hazme un favor, abre la ventana y elige una nube; daremos un paseo por la línea del tiempo, o sea mi línea.

—**Sí, esperemos las nubes que yo uso para pasear, las de color rosa.**

—¿Y no has probado con otras?

—**No. ¿Por qué me lo preguntas?**

—Si siempre te detienes en lo mismo, te puedes perder otras experiencias. ¿Y qué te puede pasar? Siempre tienes la posibilidad de cambiar, de volver a lo de antes.

—**Tienes razón; me haces recordar cuando era niño y siempre pedía los mismos sabores de helados, por temor a que los otros no me gustaran.**

—Cuando te decidiste a cambiar de gusto, pudiste elegir y probar, y te debes haber dado cuenta de que te estabas perdiendo saborear otros gustos.

—**Probaré con las nubes celestes. ¿Te parece bien?**

—*Claro que sí. Estoy seguro de que éstas también te gustarán.*

Fueron los dos paseando en las nubes, sintiendo el aire y el perfume en sus almas. El maestro tenía razón; estas nubes eran sumamente placenteras; más lentas en sus movimientos y mucho más mullidas.

—*¿Viste, Francesco, que es bueno probar otras alternativas?*

Ahora, mira hacia abajo. Verás un camino ancho al principio y, llegando al final, vas a notar que se angosta. Ese camino representa un poco la vida de las personas.

—**¿Puedes explicármelo mejor?**

—*A medida que lo recorramos te darás cuenta de que, cuando comienza, tiene semillas sembradas a su orilla. Si seguimos recorriéndolo verás que hay flores y más flores. Ésas son las semillas que florecieron y vamos a seguir viéndolas desde aquí arriba. Verás árboles grandes y fuertes, árboles robustos con profundas raíces.*

—**¿Qué es realmente lo que me quieres mostrar?**

—*Te quiero mostrar que cuando las personas nacen, las semillas son plantadas con toda intención para que crezcan, y a medida que yo mismo voy pasando por sobre ellas, el camino irá floreciendo, cambiará de aspecto, y el paisaje se verá diferente. Las flores se convertirán en arbustos y los arbustos en árboles. Los árboles dejarán sus raíces como símbolo de haber existido.*

—**A ver si entiendo. Cuando uno nace es como una semilla sembrada. ¿Quién la sembró y para que?**

—*La sembró el mismo que te dio el alma; cada semilla pertenece a una persona. Él quiso que cada persona viviera para que tuviera una experiencia de vida.*

Cuando mueres te traes al Cielo todo lo que has aprendido. Y, luego de pasado cierto tiempo, cuando las condiciones están dadas, vuelves a la vida con la misma semilla que tenías anteriormente, pero esta vez enriquecida. Para que ellas crezcan y se hagan fuertes, tienes que cuidarlas con amor y dedicación.

Cuando eres niño tus padres tienen que mimarte, darte amor, cuidados, brindarte la posibilidad de que elijas lo que quieres para ti.

Mira, ahí están los capullos a punto de florecer. Estas flores representan la adolescencia. Cada flor sabe en qué momento tiene un tiempo justo para hacerse grande. Es una etapa en la vida muy importante, donde los recuerdos quedan fijados con más nitidez. ¿Quién no se acuerda de los amigos de la adolescencia, o de su primer amor? Es la edad en la que los padres, esos que fueron elegidos, deberán poner sus límites con paciencia y amor, pero sin ahogar.

Ahora vuelve a observar el camino hacia el jardín y pon tu atención en esas flores que están abiertas y dispuestas a mostrarse con todo su colorido y su esplendor. Éstas representan la etapa en que empiezas a ser más maduro, cuando empiezas a enamorarte.

Cuando quieres hacer todo a la vez, es el momento de las incongruencias, de los amores fugaces, de los trabajos cambiantes, de las ilusiones que vuelven a renacer y de las ilusiones que se caen y se rompen, y entonces te quedas muchas veces perdiendo tiempo, sin resolver tus pequeños conflictos.

Sigue recorriendo el camino y las flores se hacen arbustos. Los arbustos se hacen árboles, y las raíces de esos árboles quedan para siempre marcadas en la tierra, para que nadie pase por su camino sin dejar huellas.

Aunque no tengas hijos, aunque no hayas hecho algo importante para otros, aunque no te hubiese premiado la vida con mimos, lo que importa es el solo hecho de que la transitaras, con sus oscuros y sus claros: has dejado tus raíces al costado del camino.

Si simplemente diste una sencilla palabra de aliento, regalaste una pequeña sonrisa a alguien que lo necesitaba, o una caricia, entonces has dejado tus raíces enterradas en la memoria de otra alma.

Cuando llegas a ser anciano el camino se angosta, parece más duro de transitar y más agotador. La paciencia y la sabiduría que obtuviste con los años te darán valor para seguirlo. Si no tienes quién *te ame o quién te cuide, es probable que desees llegar cuanto antes al final del sendero.*

Por eso, mi amigo, yo te puedo dar todo lo que necesites para lograr tus objetivos; el camino y el destino tienen sus señales, sus carteles, sus paisajes, y es probable que entre el destino y yo, se mezclen los gustos y nos echen la culpa de lo malo que les sucede.

Recuerda que siempre existo en el presente, en el hoy, en el aquí y ahora, y que ese reloj que dicen marca mi camino, no es más que una creación del hombre, simplemente útil para llevar un orden con los otros. Pero, en realidad, no es más que un pedazo de material inservible.

Ese reloj te decía que faltaba mucho para que se cumpliera lo que querías.

¡Cuántas veces te habrás puesto impaciente por no llegar a tiempo, o habrás lamentado que el tiempo se haya ido sin aprovecharlo!

¡Cuántas veces te habrás quejado de tu pasado! Pero yo no estaba ahí; yo vivo en el presente.

Tú buscabas el mañana, el futuro tan anhelado, y te lo perdiste, porque siempre fue presente.

Soy solamente una parte de la vida; no fui quien te la marcó.

Yo no decidía cuándo debías irte, ni en qué momento debías llegar a tu meta. Tú fuiste sumamente libre como para tomar las decisiones y manejarte como más te conviniera.

—**Dices que vives aquí y ahora, y que todo depende de lo que uno quiera, pero nosotros los humanos no sabemos aprovecharte.**

Entonces, te culpamos de ser tirano, te culpamos de hacernos envejecer; eres real, porque tu paso por nuestras vidas se nota, se siente en cada año, en cada cana, en cada arruga. Todo esto es señal de que estás ahí, pasando con rapidez o lentitud, pero estás.

—*Sí, estoy. Aunque te parezca mentira, soy absolutamente objetivo y tengo el mismo valor para el rico como para el pobre; la diferencia no está en mí, está en el lugar donde vivo.*

—¡Cómo! ¿Tienes un lugar donde vives? ¡No entiendo! ¿Acaso estás en alguna cueva o en esas pócimas mágicas que tienen el poder de detener la edad?

—Vivo en una cueva o, mejor dicho, en una habitación.

Estoy en el barrio de la mente, y desde ahí, según la ocasión, me visto con lo que me ponen y salgo a escena, representando el papel que me mande mi amiga, la mente. Y te cuento que, muchas veces, me canso de ir a mi archivo y buscar películas viejas que la mente me obliga a mostrar a las personas.

Las películas viejas son justamente partes que no tienen resueltas en el interior de su alma. Algunas veces, nuestras películas tienen situaciones negativas y dolorosas, a tal punto que las personas se angustian hasta llorar. Ahora entiendes por qué aparezco como el culpable de todo.

—**Entonces aprende a definirte y culpa a tu amiga, la mente, de conspirar en contra tuya.**

—No se trata de buscar culpables; sí de buscar soluciones. Te daré un ejemplo.

Tú te levantas tarde y te preocupas porque esto te traerá problemas en el trabajo, entonces te dices: "no llego nunca a tiempo para nada". No te das cuenta de que tu mente, en el fondo, muy en el fondo, te llevó a esa situación, quién sabe por qué.

Tú cumples años, llegas a cierta edad. Imagínate que son tus cuarenta y entras en crisis, porque sabes que pasó el tiempo. Sientes que estás empezando a envejecer, te amargas, te miras en el espejo, empiezas a decirte palabras desagradables, te castigas pensando lo mal que estás.

De pronto entras a tu casa y están todos tus amigos, esperando para saludarte, y el comentario de la mayoría es que estás cada año mejor, más joven, como si el tiempo no pasara.

Entonces, ¿quién te pone la etiqueta de viejo?, ¿tu mente o yo?

—**Para que no me pases en vano, ¿te tengo que aprovechar siempre y cuando mi mente me lo permita?**

—Tu mente puede viajar por mí, en segundos; puede llevarte al pasado en un segundo y hacerte sentir bien o mal, de acuerdo con lo que te muestre. Puede también llevarte al futuro, mostrándote imágenes positivas o negativas, de acuerdo con el estado de ánimo que quiera lograr en ti.

No permitas que tu mente maneje tus tiempos, tus sentimientos, ni el resultado que obtienes de ellos. Permítele ser solamente una ordenadora de tus pensamientos; si no has podido cambiar un hábito como el de quedarte dormido para ir a trabajar, piensa que no soy yo el culpable; quizá tengas muy arraigada alguna creencia que te esté limitando. Si no sientes que has sido feliz, es porque tu mente ha proyectado demasiadas películas viejas y malas.

15

Visita al hijo

—**B**ueno, Francesco, hoy te has aburrido demasiado conmigo. *¿Qué te parece si damos una vuelta por algunas nubes? Hasta podríamos visitar a tu familia.*

—**Me parece estupendo, pero quien me enseñó a hacerlo no está en este momento conmigo, y no me animo si ella no está. Puede salirme mal.**

—*Que te salga mal depende de tus ganas y de tu voluntad; no es necesario que otro te acompañe. Siempre hay alguna primera vez en la vida para todo; si te equivocas aprenderás y lo volverás a intentar, hasta que lo logres.*

—**¿No es necesario que pida permiso a algún maestro? Antes, cuando los quería visitar, tuve que esperar cierto tiempo para hacerlo.**

—*Eres libre. Si bien aquí arriba hay un orden establecido, tú puedes ir de visita como si vivieras abajo y salieras a visitar amigos.*

—**Bueno, ¿vamos en las nubes rosas o en las celestes?**

—*Elige tú; a mí me gusta disfrutar de todas.*

—**¿Sabes que a mí me encanta viajar por el Cielo? ¡Es tan placentero que no se puede describir con palabras!**

—*Cuando sientes placer, no lo puedes describir más que con sensaciones, colores, olores, porque esas sensaciones son las que quedaron como recuerdos en tu interior.*

—**Quisiera entrar en casa y ver a mi familia, saber si se encuentran bien. Si supiera cómo se sienten estaría más tranquilo; quisiera saber si, al yo entrar en sus sueños, los ayudé.**

—*¿Sabes lo que pasó cuando te soñaron?*

—**Cuéntame, por favor.**

—*Volvieron a tener fe, volvieron a sentir que podían creer en ellos mismos; aprendieron que uniéndose les sería todo más fácil, que las cosas no suceden porque sí solamente.*

¿Quieres saber cómo van sus problemas?

—Sí, por supuesto.

—Te acuerdas de que la casa tenía una deuda y de que ellos no querían venderla, porque seguían apegados a tus recuerdos.

No pedían ayuda ni consejo, no buscaban apoyarse ni en amigos ni en familiares; el hecho de haberte perdido y de que las cosas no mejoraban los estaba llenando cada vez más de resentimientos hacía los que los rodeaban, y de incapacidad para comunicarse. No se querían mostrar vulnerables a los demás; su orgullo los mantenía detenidos en sus propias cuevas.

Entre otras cosas, también le dijiste a tu hija que cambiara de carrera, y así lo hizo.

Un día su perro enfermó gravemente; parecía que en pocas horas moriría. Ella estuvo desesperada, apoyando a la veterinaria que se estaba ocupando de atender a Pancho, y se dio cuenta de que su verdadera misión era curar animales, porque los amaba y sentía un gran placer ayudándolos a sobrevivir.

Pancho pasó el mal trance, no casual, y tu hija, gracias a su perro, encontró el verdadero camino.

Vendieron la casa, a pesar de sus apegos; ahora tienen una más chica y, además, acogedora. Todavía no se han mudado; la semana que viene lo harán.

—Si se mudan, ¿cómo los podré encontrar cuando quiera visitarlos a través de algún sueño?

—Es fácil, los encontrarás por su energía y por su vibración, que es única, como lo son las huellas digitales. Es cuestión de que abras bien tus antenitas. Los encontrarás como sea, así se fueran a vivir a la mitad del desierto.

Mientras estaban hablando, se regocijaban sintiendo el aire del Cielo que les refrescaba el alma.

El maestro le hizo una seña.

—Mira, allí está tu casa; si bajamos un poco más veremos a Pancho durmiendo. Si quieres, seguiremos bajando.

—Sí, ¡bajemos, rápido, bajemos!

—Pero hazlo con cuidado; los animales nos pueden ver y son perceptivos. Si lo despertamos, ante el más pequeño ruido que hagamos, ladraría tanto que despertaría a todo el barrio.

—Sí, pasó lo mismo la vez pasada. ¿Entras conmigo?

—No, yo te espero aquí.

Francesco entró solo y recorrió la casa, y sin ese calor característico del hogar.

Parecía que toda la familia ya se había despedido de ella.

Todo estaba lleno de canastos de mudanza, pero todavía faltaban algunos portarretratos.

Supongo que todavía están tristes por mi partida.

Ojalá que mi amigo Tiempo los ayude a que todo esto pase con rapidez, que cuando recuerden tengan pensamientos de amor, sin dolor ni lágrimas ni tristezas.

¡Ahí está mi hijo! ¡Está enorme! ¿Seguirá creciendo después de los veinte? ¡Parece que sí! Entraré en este terremoto inquieto y desafiante, en este muchachito tan introvertido. A veces resulta difícil saber lo que piensa, porque habla poco. Es más fácil saber lo que siente, porque su mirada refleja sus sentimientos.

Espero no haberle dejado demasiadas responsabilidades para desempeñar el papel del hombre protector de su familia.

Entraré antes de que despiertes; allá voy...

Pasado un cierto tiempo, Francesco salió del cuerpo de su hijo y se dio cuenta de que lo había hecho muy bien.

Pero había algo especial en ese chico, una mezcla de alegría y de tristeza, de compañía y de soledad.

Su luz era muy clara, muy brillante; eso era indicador de la buena energía de sus sentimientos, pero parecía muy contradictorio lo que había podido interpretar en el alma de su hijo.

Francesco salió al patio donde se encontraba jugando su amigo, Tiempo, con Pancho.

—¿Y cómo te fue?

—Me fue bien, eso creo.

—Se te ve un poco pensativo. ¿Puedes decirme qué es lo que te preocupa?

—Sí, claro, quizás puedas ayudarme. Tuve un encuentro hermoso; estoy orgulloso de mi hijo. Tenía una muy buena vibración, pero había una mezcla de sentimientos y sensaciones tan contradictorias, que no te sabría explicar con palabras lo que él estaba sintiendo dentro de su alma.

—Te escucho y puedo entender algo de lo que me estás contando, pero no creo que yo sea la persona indicada para sacarte de las dudas. Quizás cuando lleguemos al Cielo encuentres a algún maestro que pueda darte respuesta en relación con esos sentimientos de tu hijo.

—Todavía tengo que preguntar tanto, que no me iré del Cielo hasta obtener todas las respuestas. Después de todo, no sé si podré volver a vivir esta experiencia, ¿no te parece?

—¿Y qué te queda por saber?

—¿Puedo preguntarte?

—Sí, claro. Si puedo, te contestaré.

—¿Tú has visto a Dios?

—¡Sí, por supuesto!

—¿Y cómo fue ese encuentro?

—No te lo puedo describir con palabras; cuando lo tengas delante, va a ser porque estás preparado para el final del gran principio.

—¿Qué es lo que quieres decir?

—Lo sabrás a su debido momento. Cuando tengas delante al Dios contemplativo y piadoso te darás cuenta de que, cuando estabas vivo, lo tuviste muchas veces a tu lado, lo sentiste y lo escuchaste.

No lo has visto en presencia. No se hizo visible a tus ojos y sí se hizo sentir en tus sentimientos.

—¿Y qué es "el final del gran principio" del cual hablas?

—Ya lo sabrás. No te adelanto nada pues no te servirá saberlo; te lo dejo a la imaginación, pero ten cuidado, ya que el que es imagina-

tivo es, a la vez, creativo y también corre el riesgo de ser destructivo, al crear imágenes futuras. Así que sería conveniente que elijas imaginarte algo bueno sobre tus dudas.

Piensa en positivo siempre; es la única forma de que obtengas lo que quieres tener. Uno es lo que piensa, y a la vez manda al cosmos ese pensamiento; si lo sabes pedir, llegará solito el resultado que esperabas.

Si has tenido a lo largo de tu vida situaciones maravillosas, éstas vivirán eternamente en el rincón de tu alma. Si has vivido situaciones negativas que formaron cicatrices en tu corazón, no te preocupes, porque las situaciones maravillosas pueden, con su esplendor, borrar las marcas del dolor. Agradece todo lo que has tenido y tómalo como un regalo de Dios o como un premio a tus buenas acciones.

Y lo que no has querido que te pasara y realmente te pasó, recuérdalo como un acto de aprendizaje, una enseñanza para crecer. Si vuelves a repetir los mismos errores no culpes a nadie, simplemente no has aprendido la lección y tienes que volver a pasar la prueba. La vida está llena de lecciones, errores, aprendizajes y reaprendizajes; cuando la lección se aprendió la llamamos "experiencia". Esa palabra que suena a sabiduría y a tener que haber pasado por algún momento de sufrimiento o de fracaso.

¿Por qué será —te vuelvo a repetir— que las personas recuerdan las experiencias dolorosas y tristes, y no reviven como experiencia los triunfos? ¿Te fue mal? Te sirvió de experiencia. ¿Te fue bien? Has tenido suerte.

Las personas son seres maravillosos y nobles, con gran capacidad de amar con todos los sentidos. Pueden crear, cada vez con mayor perfección, una mayor calidad de vida; saben hacer máquinas perfectas, naves espaciales y hasta crear vida donde las posibilidades casi son nulas; pero no saben diferenciar quiénes los aman de verdad, ni quiénes las pueden ayudar a abrir las puertas de su vida.

¿Por qué piensan siempre lo peor? Pareciera que esa percepción que tienen les sirve solamente para ver lo malo.

—Tienes razón, muchas veces me imaginé cosas terribles, que me angustiaron, me hicieron daño y ni siquiera logré algo positivo. Cuando deseé algo con toda el alma, y puse mi mente y mi cuerpo para lograrlo, lo pude hacer realidad; mi pedido vino solito.

Muchas veces estuve a punto de desistir de ese deseo, porque el tiempo pasaba y los resultados no aparecían, pero cuando estaba a punto de bajar los brazos todo se resolvía.

—Lo peor que puedes hacer es bajar los brazos, porque te has derrotado solo. Quizá las circunstancias no sean las apropiadas, pero no te desanimes, porque si te rindes, fracasas y no sabrás si faltaban sólo unas horas para que se cumpliera tu sueño.

Nunca sabes si tu felicidad está a la vuelta de la esquina y tú das la vuelta a unos pasos antes de llegar.

—¡Todos son lindos aquí!

—Y cuando vivías, ¿no eran todos lindos?

—No, algunos eran tristes.

Hay que aprender a vivir en días nublados, a atravesar tormentas, nubarrones, vientos, porque después de todo siempre sale el sol.

Días de sol, días de sombra; eso es lo que tenemos que pasar las personas que elegimos vivir.

—Bien, amigo filósofo, dame un tiempo para volverme a encontrar contigo y seguiremos hablando más adelante.

—Me voy feliz, Francesco. Fue un placer acompañarte; ahora descansa, que yo tengo que seguir mi camino.

—Gracias por todo.

—No, gracias a ti. Buenas noches.

—Buenas noches, maestro.

≈ 16 ≈

Almas gemelas

Francesco abrió los ojos: el día brillaba, la música estaba muy alegre, los ángeles no paraban de correr y de reírse, y los maestros seguían instruyendo espíritus con la mejor de sus ondas.

Sintió que estaba verdaderamente feliz; había estado con los seres más maravillosos del Cielo, había encontrado en esos guías muchas respuestas.

También había sido gratificante ver a su hijo; eso había sido grandioso y entrar en él fue como hacer un viaje al paraíso.

"Saldré a dar un paseo; parece que hoy será un día libre o, mejor dicho, hoy no hay ningún plan de paseo ni de enseñanzas programadas para mí", pensó.

Francesco salió de su habitación de cristal, deslizándose por el aire, acompañado por el perfume de jazmines y de azaleas.

Todos los seres que habitaban en el Cielo estaban sumamente alegres y hasta divertidos.

Francesco no tenía noción del tiempo que había transcurrido desde que había partido al Cielo.

A veces, para divertirse, se decía:

"Hoy en la Tierra será lunes, martes, miércoles; ¡bah, para qué quiero saberlo!, después de todo, no hay diferencia entre un día y otro".

Esa costumbre humana de creer que, porque es viernes, uno tiene que estar más alegre, y más triste los domingos a la tardecita... Esa mala costumbre de anclarse en los tiempos y en los días... cada día se puede encarar como el mejor, y puede, incluso, ser lunes.

Sí, después de todo, lo que cambia no es el nombre de los días, sino la actitud con la que uno se predispone para enfrentarlos... Predisponerse suena a prepararse: prepararse a vivir cada día como si fuera el último de nuestra vida.

Predisponerse todos los días a realizar grandes cosas y a vivir cada día con toda intensidad.

A veces pequeñas actitudes o errores de los demás hacen que nos amarguemos el día. ¿Por qué le vamos a dar el poder a otro para arruinarnos una hora, media tarde o un día entero?

Me oigo hablar solo, filosofando para adentro. ¡Me resulta tan gracioso! Creo que en mi vida hablé tan poco que ni siquiera reconozco mi propia voz.

Es increíble pasear y hablarme, las dos cosas al mismo tiempo. Después de todo valió la pena escuchar el sermón de los maestros, aunque esté muerto y no lo pueda poner en práctica.

Me gustó conocer a los maestros; quizá conozca a muchos más o no, no lo sé.

No me adelantaré a los hechos; que sea lo que tenga que ser. "Todo lo sabré cuando llegue el momento".

Mientras Francesco hablaba consigo mismo, alguien muy especial se iba acercando, gracioso al caminar, simple y alegre.

Era un ángel gordito, con rasgos muy parecidos a los habitantes de la India. Llevaba un arco y una flecha. "*¿Será Cupido?*", dijo Francesco para sus adentros.

—*Sí soy Cupido* –dijo el angelito colorido y alegre.

—**Creí que eras parte de una leyenda o una mitología poética; nunca imaginé que existieras.**

—*Nadie se imagina las cosas porque sí.*

—**¿Vienes a darme una clase sobre cómo enamorarme?**

—*¿Tuviste alguna vez un amor imposible o platónico?*

—**No. A quien yo amé, me amó a mí y fui feliz. Me parecen tontos esos amores en los que uno solo ama.**

—*A veces son de a dos y no sirven.*

—**Yo no tuve más que un amor y me fue bien. ¿Qué es lo que tengo que aprender de ti?**

—*No vine por ti, vine por tu hijo.*

—No entiendo, quisiera que me explicaras.

—Tú bajaste a la Tierra y pudiste entrar en él. Llegaste hasta el fondo de su alma, accediste a sus sensaciones, sus ilusiones; incluso lo viste brillar más de lo que has visto brillar a otras personas.

Y te llamó la atención su luz y, a la vez, la mezcla de sentimientos que había dentro: eran un torbellino. Dime, Francesco, ¿eso es lo que sentiste cuando viste a tu hijo?

Sí, exactamente eso, fue tal cual. Tú lo has dicho, pero te diría que era una corriente fluida y hasta mágica. Bien, explícame qué es lo que está pasando entre mi hijo y esa corriente.

—Tu hijo está enamorado.

—¡Enamorado! Era hora de que ese grandulón tuviera una pareja y la disfrutara.

—No tiene ninguna pareja.

—¿Pero no dices que está enamorado?

—Sí, pero está solo.

—¿Y la otra parte?

—Y la otra parte está en otra parte.

—A ver, angelito... ¿mi hijo está enamorado de alguien que no lo quiere?

—No.

—¿Y entonces qué le pasa?

—Si quieres, te cuento...

—Sí, por favor.

—Bien, yo soy el especialista en flechar a las personas para que se enamoren.

—Entonces flechas, se enamoran, se casan y, después de un tiempo, los vuelves a flechar, los vuelves a separar y a casar con otros. Tu trabajo, si es cierto que es así, es divertido para ti; es fantástico para el que es flechado, pero no para el que es abandonado.

—¡No te pongas así! Déjame que te explique; puedes creer o no lo que te cuento. Después de todo, eres un espíritu libre: puedes irte, si lo deseas. Yo quería simplemente enseñarte cómo funciona el amor, según me enseñaron a mí mis maestros. Puede que mi trabajo te parezca en algunos momentos algo perverso, pero no es así, y a mí me sigue pareciendo perfecto.

—Perdón, ¡no quise ofenderte! Yo soy un espíritu impulsivo y me imaginé que andabas flechando al azar, a todos los que te cruzaban, o que te divertías formando parejas disparejas, o casando y descasando gente.

—¡No! Si fuera así sería divertidísimo, pero para mí solamente, no para los otros.

Mira, Dios se encuentra en el séptimo Cielo y desde allí hace nacer un alma. Al llegar al tercer Cielo el alma se divide en dos partes que no son exactamente iguales en tamaño. Podemos decir que la parte más chica del alma cae hacia un lugar y la otra más grande, cae en otro lugar. ¿Me sigues?

—Sí, claro.

—Ambas partes del alma van en busca de sus padres, entran en ellos, convirtiéndose en un nuevo ser y, luego de nueve lunas, nacen. Ahí, cada uno se nutre con su crianza, con sus creencias, valores morales y, como consecuencia, tendrá el lugar social que ocupa su familia. Irá adquiriendo sus costumbres y sus enseñanzas de cómo amar, y hasta tendrá una parte genética, que sería la marca que lleva cada persona.

—¿Y tú como unes a esas almas?

—Busco el momento adecuado para hacerlo.

—¿Y cómo sabes cuál es el momento adecuado?

—El momento adecuado es cuando él o ella se empiezan a sentir mal; cuando no saben qué es lo que les molesta de la vida y no tienen paz interna. El momento adecuado es ése, cuando están solos y todo es desilusión, o están acompañados y sin embargo se sienten solos.

—¿Tú flechas también a los que están en pareja?

—Sí.

—Entonces tú no haces el bien.

—*El bien es estar feliz, solo o acompañado. Sé fiel a ti mismo; sentirás que quien está contigo, con solo mirarte, está diciendo: "está todo bien".*

Eso es estar en pareja, o estar casado, o convivir; llámalo como más te guste. Estar en pareja y sentir que estás molesto todo el tiempo, que no hay esa mirada que te transmite algo, es estar muerto en vida.

—**¿Qué es lo que vienes a transmitirme? ¿Me vienes a enseñar cómo tendría que haberme enamorado? Porque en este lugar he tenido muchas enseñanzas de cómo tendría que haber manejado mi vida, pero creo que lo mejor que tuve fue el amor de mi pareja.**

—Por supuesto que fue así; estoy totalmente de acuerdo en que has sido feliz con el amor de tu vida. No te olvides de que yo comencé a hablar contigo para explicarte qué era lo que le estaba pasando a tu hijo. Esto no impide que algún día te sirva de experiencia.

—**¿Por qué lo dices? ¿Los espíritus también se enamoran?**

—Los espíritus o las almas son las que se enamoran, a los que yo flecho con mi flecha de almizcle y miel. Los cuerpos son sólo una consecuencia y un elemento para contemplar la alquimia del amor. Ya te expliqué que soy el ángel de los amores espirituales, de las almas gemelas.

—**¿Y qué diferencia hay entre un amor provocado por tus flechas y los que se flechan entre ellos?**

—¡Muy buena pregunta, Francesco! Los que se flechan entre ellos son los amores que nacen a través del conocimiento. En las primeras veces se ven y ni siquiera se registran; a medida que se conocen se van enamorando. Son dos seres que se ven porque comparten un trabajo, un estudio... Esos amores se razonan, se piensan y luego se sienten.

—**¿Pero también son fuertes e importantes?**

—No te quepa duda.

—**¿Y los que tú flechas? ¿Los flechas porque ellos no tienen la capacidad de hacerlo por sí mismos?**

—No. Tú sabes que todos tienen las mismas posibilidades; si quieren lo pueden hacer por sí mismos. Yo los flecho porque Dios lo manda; sería como decirte que es kármático.

Cuando estas personas están juntas, se mueve una energía muy grande, que tiene que ver con la memoria de otras vidas que traen de siglos atrás.

—Quiere decir que dos personas se encuentran y sienten algo muy fuerte. ¿Eso es el flechazo?

—Voy a ser más didáctico: yo voy por el Cielo y flecho dos almas; esas dos almas, en algún momento se encuentran, se cruzan, y ahí aparece la vibración. Se siente una corriente que corre todo el cuerpo; los ojos se hablan, se miran y, sin decirse nada, se hablan con el corazón.

Se siente como un volcán en erupción, una mezcla de sentimientos raros, pero fuertes. La alquimia de tu cuerpo cambia y, aunque esa persona roce tu cuerpo o te tome la mano en son de un simple saludo, queda su piel pegada a la tuya.

Ese momento, ese encuentro, es uno de los más importantes que vive un ser humano. El que tiene la suerte de encontrarse con su alma gemela se encuentra a sí mismo.

—¿Y el que no la encuentra?

—Es porque no está atento, no está dispuesto, o los miedos lo atan.

—No estoy de acuerdo; hay mucha gente que va por la vida buscando un amor que la acompañe y se pregunta: "¿dónde estarás, amor de mi vida, qué no te puedo encontrar?" Quizá ellos lleguen a la vejez sin encontrarlo.

—No Francesco, ése es tu punto de vista y lo respeto, pero no es así. El que no encontró el amor es porque no estuvo abierto y dispuesto a encontrarlo.

—¿Pero si está dispuesto y no aparece?

— Aparece.

—¿Y si aparece y uno cree que es un gran amor y se mete, con alma y vida, y luego esa persona te abandona? ¿Crees que después de una experiencia así es fácil volver a enamorarse?

—Nadie dice que es fácil, pero es posible. Si te equivocaste, rescata lo mejor de esa persona y no te asocies a lo doloroso, porque ese dolor no va a permitir que avances por el camino del amor.

Si vuelves a repetir el mismo error, entonces tú mismo buscando a la persona que te va a defraudar, para luego satisfacer una parte tuya, que termina diciendo: "son todos iguales, yo no tengo suerte, debería haberme quedado solo." Los amores del alma no tienen un final doloroso, pero pasan por desencuentros, por silencios, por distancias, y todo esto está puesto en el alma.

—¿Cómo es eso de que todo está puesto en el alma?

—Ya te conté que, cuando se encontraban, sentían que por dentro había una sensación de plenitud, como si un arco iris circulara por sus cuerpos, como si todos los aromas se juntaran para transportarlos al paraíso, y ese encuentro los devolvía a la vida como recién nacidos.

Aparecía ese encuentro en un momento de su vida, estando solos o acompañados, a veces con pocas energías, cansados y decaídos. Justo cuando empezaba a sentir que la vida era rutina y aburrimiento, y que no quedaba otra solución que aceptarla, surgían los flechazos y cambiaba la alquimia de sus vidas. Les devuelven energía y esperanza, les vuelven a dar una nueva imagen en el espejo, se reencuentran con su propia esencia, y registran como nunca ese niño que llevan dentro, reafirmando su autoestima, haciéndolos sentir únicos e importantes.

Estos amores son eternos; es posible que luego de ese encuentro pasen por desencuentros, porque es tan fuerte lo que les pasó que, inconscientemente, necesitan tiempo para aceptarlo; es también posible que, en ese periodo, se sigan pensando y se atraigan.

Quizá se piensen a la mañana, apenas se despiertan, o a la noche, antes de irse a dormir, o en cualquier momento del día. El tema es que ese encuentro los enamoró y, pase lo que pase, ya no volverán a ser los mismos. Saben que hay una gran magia que los tiene atrapados y que los envuelve, remontándolos a las nubes.

—**Si estar enamorado es estar en plena felicidad, ¿cómo puede el amor convertirse en un golpe que duela?**

—*Porque el amor es la esencia de la vida; lo más importante que tenemos, aunque no lo consideremos así. También te hace sentir en la cuerda floja; cuando tengas un amor, nunca pienses que no te lo mereces, que es demasiado. Siempre da gracias por lo que tienes y sé agradecido con el universo; si no, es probable que tu propia inseguridad y tu negatividad alejen para siempre ese amor.*

—**¿No dices que los amores flechados no se terminan?**

—*Nada se corta, si tú lo cuidas; digo que son más fuertes y resistentes.*

—**¿Puedes flechar a uno solo? Porque yo conozco personas que se enamoran de alguien, sin que ese alguien se entere de ese amor.**

—*Yo flecho a los dos, pero hay uno que está dispuesto a dar, a entregar todo, y la otra parte de esa alma gemela no es consciente de lo que siente el otro, hasta que se da cuenta.*

Lo que pasa es que los humanos no saben esperar; ya sé que no es fácil esperar sin desesperar. Si uno supiera aceptar en vez de esperar, viviría menos decepciones.

Los tiempos acá arriba son absolutamente diferentes y es obvio que, a nosotros, esperar un año o más no nos cuesta nada. Pero las personas cuanto más esperan más se enloquecen, y piensan que el tiempo durante el que no ven a alguien que aman modifica los sentimientos; si no ven al ser amado, éste cambiará su afecto.

Y si hay algo equivocado es pensar eso, porque los verdaderos sentimientos perduran para siempre; el tiempo es sólo una circunstancia, no es un obstáculo.

El amor es lo más importante que tiene una persona para vivir. Es el alimento del alma. Es el motor de los sentimientos, la luz de las ilusiones. El cuerpo es el último eslabón por el que, a través de una simple caricia, uno siente que toca el cielo con las manos.

Di tú si servirá, si sólo el hecho de pensar en alguien a quien amas, te hace cambiar de ánimo, y una sola palabra de esa persona te remonta hacia el cielo.

Pero, si alguien a quien amas te lastima, también eso te transporta: con una simple palabra, te avienta hasta el pozo más profundo de la Tierra. Y ése es otro error; vives de acuerdo con el amor de los demás. Si te aman, te reciben o te aceptan, eres el rey de la Tierra. Y si alguien que es importante para ti te hiere, sientes que el mundo se viene encima.

¡Si supieras que para que te amen los otros tienes que empezar por amarte tú primero!...

—**Si yo me quiero, hago que los demás me quieran. ¿Ésa sería tu idea?**

—*Sí, ámate y da amor incondicional, y te amarán los demás.*

—**Conozco a muchas personas que se aman tanto a sí mismas que no les importan los demás.**

—*Esas personas dicen amarse. Por ejemplo.*

—**Alguien se ama porque cuida su alimentación, se hace exámenes de rutina, le gusta ganar dinero, darse los gustos y, a la vez, disfrutar de la vida.**

—*¿A esa persona la ves feliz?*

— **No.**

—*Porque se ama mal. Para quererte, no solamente necesitas cuidarte, darte los gustos y hacerte feliz, sino también dejar de ser individualista y tener un poco, solamente un poco, de solidaridad con el otro; de igual manera, sientes gratitud hacia el otro y eso también te llena el alma.*

Ésta sería la fórmula para que yo fleche a alguien: debe amarse, no con un amor egoísta ni egocéntrico, sino con un amor generoso, total. Sonreír, dejar atrás las broncas y los malos sentimientos, ser solidario y afectivo. Y estar atento a lo que pase.

Si tú te quieres, te respetas y dejas crecer a ese niño que quedó atrapado dentro de tu corazón, sabrás que el amor vendrá solo, cuando más lo necesites, en el momento justo; ni antes, ni después.

—**Tú flechas a alguien; el ser amado le corresponde, se juntan y son felices. ¿Qué pasa si uno se enamora de otro y ese otro no lo toma en cuenta? Ese amor, ¿sería un amor platónico?**

—Si hago trampa, si flecho a uno solo, es porque esa persona que se enamora de alguien que no lo ama, necesitaba una ilusión, necesitaba baterías para vivir, necesitaba tener en su mente y su corazón una esperanza. Vive gracias a ese amor de uno solo; puede pasar mucho tiempo y no lo puede sacar de adentro de su corazón.

—**¿No te parece triste enamorar a una persona sola? ¿No crees que se sufre cuando alguien no te quiere?**

—Sí, es fuerte, pero es necesario para que sienta que está viva. Ya llegará el amor a su debido tiempo; es necesario para que se le abra el canal del amor.

—**¿Por qué hay tantas personas solas?**

—Por que no están atentas, están a fracasos anteriores y piensan que todos los amores son iguales. Ya no confían más en el otro, y lo peor es que perdieron la confianza en sí mismas.

Está escrito; es necesario que primero te ames tú y luego dejes que te amen los demás. Pero recuerda, Francesco, que cada uno tiene designada su alma gemela en su vida y que, siempre que estés dispuesto a encontrarla, la hallarás.

Es fundamental saber la importancia de ser fiel a uno mismo, saber luchar por los propios sentimientos. Nunca te pongas excusas para lograr ser feliz.

Aprende a amar con libertad; deja que la otra persona sea como quiera ser, que haga lo que le guste: no la quieras hacer a tu gusto. Eso de que los opuestos se atraen es mentira; tú no te enamoras de alguien que es contrario de ti, que no comparten los mismos gustos, que no piensa como tú, ni vive como tú.

Seré cruel con lo que te diré: uno ama, muchas veces, en el otro lo que quiere ver reflejado en su espejo, y admira lo que tiene el otro, porque uno no lo tiene. Uno es egoísta porque si, después de compartir años de su vida contigo, la otra persona empieza a cambiar, a ser como es, y a ti ya no te agrada porque no comparte tus gustos y tus pensamientos, empiezas a sentirte en posición incomoda y terminas siéndole infiel o la dejas. Entonces, debes ser fiel a ti mismo para que te sean fieles los demás. Sobre todo, deja que cada uno muestre su personalidad, que sea como tiene que ser, no como te gustaría que fuera.

Cuando te vuelvas a enamorar, por un flechazo mío o por un amor que nace del conocimiento, da lo mejor de ti, y recibirás lo mejor del otro. Pero si piensas que le has dado demasiado, que dar lo mejor de ti es peligroso, porque el otro se mal acostumbra, estás equivocado. Entrega de todas maneras lo mejor de ti, porque los que dan lo mejor, en algún momento, tienen su recompensa.

—¿Y mi hijo tendrá un final feliz con ese amor desencontrado?

—Lo tendrá en el momento justo: cuando su corazón deje de sufrir por no tener respuesta del otro lado.

—¿Y yo qué puedo hacer para ayudarlo, si sólo puedo aparecer en sus sueños?

—No es necesario que le hables, con sólo soñarte él se sentirá más calmado. Desde aquí no puedes hacer más que eso. Sólo piensa que él tiene que vivir sus propias experiencias. Por más que le digas qué cosas tendría que buscar para ser feliz, él va a elegir lo que desea, aunque a veces lo que no desea no es lo que le conviene. Déjalo. Que él sólo entienda el lenguaje del corazón, que él solo interprete sus sueños.

Aunque la razón no esté de acuerdo con los sentimientos, él sabrá librar esa lucha interior.

—Ahora entiendo por qué, entre todos los ángeles, te eligieron a ti para ser Cupido.

—*¿Qué quiere decir?*

—**Eres tierno, travieso, inocente; eres cálido y alegre. Me encanta estar contigo; tienes algo muy fuerte que transmites, como una gran paz.**

—Gracias, Francesco, por cómo me has definido, pero así es el amor; con todas las características que me pusiste a mí, y esa gran paz es la que te da también el amor.

Quizá más adelante puedas acordarte de esta conversación y ojalá te sirva para algo o para mucho.

Recuerda que yo existo y estoy siempre dispuesto a ayudarte a encontrar tu otra mitad.

—**Gracias, Cupido, querido angelito. Recuerda que Francesco no fue tu mejor alumno, pero que, a esta altura sabe reconocer sus errores, y uno de ellos fue creer que todos crecían porque sí, sin analizar ni profundizar en nada. A veces, la vida se convierte en una goma de mascar que a medida que se mastica va perdiendo el gusto, y otras veces se convierte en un jugo maravilloso que, cuando lo saboreas, te va gustando más.**

—Nadie te enseñó que la vida era un regalo de Dios para que la bebieras hasta el fondo; porque si hubieras vivido cada situación con tus sentidos, te habrías sentido totalmente feliz.

17

El señor Destino

Fue pasando el tiempo para Francesco, ese tiempo que en el Cielo tiene otro sentido. Él ya había dejado de preocuparse por qué día era o cuánto tiempo había pasado.

Seguía enviando mensajes a sus seres queridos a través de los sueños. Sentía cuando alguien en la Tierra le hablaba, cuando algún amigo o familiar le pedía algo, y él iba enseguida a hablar con su ángel o con algún maestro para que le diera el mensaje a Dios y así mandar la ayuda necesaria.

Se había convertido en un buen amigo de sus maestros y de sus espíritus compañeros, en ese primer Cielo. Era un genio en hacer piruetas sobre las nubes y había una gran necesidad de contener a cada espíritu que llegaba al Cielo, sediento de saber por qué estaba ahí.

Su gran amigo Cupido siempre le contaba alguna historia de amor, de esos amores del alma, según él los llamaba.

Ya se había acostumbrado a ser feliz y, de hecho, era la mejor costumbre conocida.

También seguía cuidando su jardín, que estaba mucho más florido y mucho más verde que cuando se lo regalaron; lo cuidaba con mucha alegría. Para él, cada flor era señal de que no había vivido en vano. Sabía que las buenas acciones de su familia eran el eco de todo lo que él les había enseñado.

Este Francesco, que había llegado enojado e indignado porque se había muerto a pesar de haber hecho todo lo posible para sobrevivir; este Francesco, que había decidido escuchar a esos maestros por el solo hecho de no aburrirse o no estar solo; que seguía pensando en su familia y no entendía que las cosas, allí; abajo, siempre tenían solución, aunque no fuera la que más le gustara; este Francesco siguió siendo el mismo, con esta diferencia: aprendió a enfrentar el dolor y a disfrutar la alegría.

Aprendió que volar sobre una nube rosa o celeste era lo mismo, porque todo dependía de su ánimo.

También había aprendido que dejarse fluir es la mejor fórmula para cumplir los sueños. Sabía que las personas tenían un gran poder perceptivo para captar las señales que les daban los de arriba.

Este Francesco tenía más luz, más alegría, más amor pero, como todo es un proceso continuo de transmutación, el Cielo mismo no escapa al cambio. Le habían anunciado que debería ascender al segundo Cielo; ya era hora. Todos estaban contentos de que Francesco, que era muy querible, pudiera irse; sabían que lo verían más adelante.

Este Francesco, cuando se encontró con amigos y familiares que habían muerto antes que él, no dejaba de emocionarse y llorar al encontrarlos, y luego no paraba de hacerles preguntas y de intentar sonsacarles información para averiguar qué más había por conocer, después de todo lo que había vivido él. También les preguntaba dónde estaban los otros espíritus que también habían muerto.

El Cielo estaba más luminoso que nunca. Francesco estaba en su jardín cuidando sus flores, y giró al escuchar un tintineo. Ahí estaba de pie, muy grande, un espíritu con una persona fuerte, robusta y definida, casi parecía un banquero.

—*¿Puedes decirme quién eres?*

—*Hola, Francesco; soy el señor Destino.*

Después de unos segundos, Francesco se animó a preguntar.

—*¿Eres el destino en sentido figurado, o eres el destino de verdad?*

—*Soy el destino de verdad.*

—*¿Quién te manda?*

—*Me manda Dios.*

—*¿Y que haces?*

—*Yo ordeno todo para cada persona.*

—*¿Escribes lo que va a pasar a cada uno?*

—No. *Yo soy quien acomoda los planetas, antes de que nazcas; ayudo a Dios en el Cielo, pero mi trabajo no es sólo ése.*

—**Me imagino que deberás hacer bastantes cosas. Eres muy famoso; todos te consideramos parte de nuestra vida.**

Algunos creen que tú mandas y que no pueden salir de tus garras o de tus brazos; otros creen que pueden desafiarte y cambiarte a su antojo. Ahora que tengo el placer de encontrarte, no te irás si no me cuentas cuál es la verdadera historia de esta historia.

—*¡Ja! ¡Ja! ¡Ja! ¿Has visto, Francesco, que morirse tiene su recompensa? Por lo menos, aquí te pones al tanto de todas las respuestas que no tuviste allá abajo.*

—**Tampoco allá abajo las busqué demasiado.**

—*Bien por tu reflexión. ¡Claro que no te has preocupado demasiado por encontrarla! Ahora quiero saber qué sensación tuviste de mí en tu vida.*

—**Me diste la sensación de ser inflexible en etapas de mi vida, cuando necesitaba tu apoyo; en otras, sentí que me dabas una gran ayuda.**

—*No soy flexible en algunas etapas, ni tirano en otras. Soy un buen personaje que hace su trabajo con cada uno de ustedes; pero, por supuesto, es difícil dejar contentos a todos.*

—**Pero no contestas a mi pregunta: ¿ya sabes qué pasará? Porque, con esos planetas que acomodas, ya escribes nuestras historias.**

—*No es tan simple como lo pintas; supongamos que vas a nacer por primera vez; eres un libro en blanco y no hay karma anterior. El karma es la relación causa-efecto. Si no hay causas, no hay efectos. Todo efecto se convierte en causa de otro efecto.*

—**Ahora veo.**

—*Bueno. Dios me llama, me muestra el alma y me dice: "Traza un camino y arma las piezas que necesita esta personita para crecer;*

quiero que se lleve una buena experiencia de vida. Deja que ella elija, desde sus padres hasta cuál es el camino que le conviene seguir, de todos los senderos que tú le trazaste.

—**Espera, espera, entonces hay varios destinos en nuestro camino.**

—No, yo soy uno solo, pero hay diferentes matices. Si todo estuviera tan rígido, tan marcado, tú no serías libre; y tú eres libre siempre, en cada momento en la vida y en el Cielo.

Es como si yo tuviera el mapa de tu vida y tú, al observarlo eliges los caminos. Tu andas y desandas a tu modo, bien o mal, contento o triste, furioso o calmado; la cuestión es que en esos caminos que recorras aprendas y te equivoques y aciertes.

—**No creo que una vida triste sirva a ninguno.**

—Si no hubiera oscuridad, no existiría la luz; si no hubiera lágrimas, no disfrutarías de la risa. A veces los extremos se juntan, pero sin lo bueno o lo malo no existiría el equilibrio.

"El destino está marcado", dicen por allá abajo. Entonces te sientas, esperando que pase todo al lado tuyo, y deseas que yo solucione o te arruine la vida. ¡No sirve, no sirve, no sirve!

Mi viejo amigo Francesco, yo tengo el mapa que Dios me da para que lo despliegue a tus pies y tú lo estudies; encontrarás indicaciones de cómo atravesar muros, de los más bajos a los más altos y, aunque te sea pesado, tú eliges cruzarlos o no: ni Dios ni yo te lo exigimos. En ese mapa también hay puentes fijos o colgantes, en algunos puedes disfrutar del paisaje y en otros debes aferrarte para no caer.

También en ese mapa aparecen mares; algunos de aguas tranquilas, donde sientes que con sólo dos brazadas alcanzas la orilla, y otros de aguas con fuertes oleajes, y temes ahogarte; aparecerán desiertos, ¡algunos con vientos a favor, que te transportarán al lugar que deseas en pocos minutos! Y otros donde caminas, caminas y no llegas a ningún lado.

Habrá laberintos de bosques, que te habrán de dar vueltas hasta extraviarte; perderás tiempo y energías mientras buscas las salidas.

Pero en ese mapa, hay lugares de descanso, donde puedes quedarte sentado en paz, sin desesperarte, viendo todo el camino recorrido, o disfrutando, simplemente, del paisaje.

En el transcurso de la vida, mientras transitas los caminos señalados en el mapa, te encuentras con otras personas que desean llevarte por otros lugares, o te proponen atajos o quieren que compartas sus gustos. Tú eres dueño de ti, y puedes elegir acompañarlos o no, Pero ten en cuenta algo: Dios te da el mapa para que recorras solo los caminos marcados, para que aprendas solo, pues no puedes aprender a través de otra persona, compartiendo su experiencia.

Entonces, acepta que en la vida tienes compañía por momentos, por etapas; aunque yo sé que duele perder algunos afectos por el camino, acéptalo y sigue adelante.

Y si algún amor muy grande decide con gusto acompañarte en el camino, adelante; pero ten en cuenta que esa persona tiene su propio mapa y su propia libertad. Y, si compartes el camino con otra persona, no pierdas tu identidad; sabe bien que eres libre como un pájaro y que te encanta volar.

Querido amigo, yo no soy malo ni bueno; estoy simplemente moviendo, de vez en cuando, las piezas de tu vida para que no te quedes cómodo, a esperar simplemente la nada.

Eres pieza de un juego: tú te mueves, yo reparto las cartas, pero el que juega eres tú.

Ya sabes que la vida puede ser tu amiga o no, depende de cómo la trates: ella te invitará a pasear de la mano o te dará vuelta la cara, según tú elijas.

—¿**Por qué será que siempre elegimos mal?**

—No siempre...

—**Bueno, casi siempre uno tiene cierta tendencia a elegir mal.**

—Porque no tienes fe; piensa cuántas veces te dijiste: "esto me va a salir maravillosamente bien, qué bueno soy, tengo la ilusión de que todo se resolverá del mejor modo"; o cuántas te dijiste: "tengo miedo de tal cosa, es seguro que esto no va a funcionar, porque nada se da como me lo imagino".

¿Cuántas veces en tu vida te asociaste contigo mismo para ser feliz? ¿Y cuántas veces te peleaste, descreíste de ti, te quitaste y te negaste el poder que tenías para resolver tus pequeños problemas?

Las personas tienen tantos dichos negativos como programas de televisión; en cambio, puedo contar los dichos positivos con los dedos de la mano.

Francesco: crece cada día, como crecen las flores de tu jardín, y cuídate como cuidaste cada rosa; disfruta de este lugar, para que te quede un buen recuerdo y tengas en cuenta que esta etapa fue totalmente positiva. Aprendiste, te fortaleciste y tuviste diversos maestros que hacían con gusto su trabajo contigo.

Y has podido aprender porque pusiste todas tus energías en crecer; dejaste que toda esa energía entrara en tu alma para que te iluminara como nunca; aprendiste a volar, a despegar tus alas y a sentirte libre como un pájaro. Sé que te encantó pasear por las nubes y, aunque llegaste muy triste y hasta diría, enojado, luego entendiste que todo era más simple de lo que te imaginabas.

Ahora estás en paz, ahora crees en ti y recuperaste la fe, ahora sabes que todos tienen el mismo poder para ser felices. Lo mismo que lograste arriba podrías haber logrado allá, abajo, y lo has comprobado con tu propia familia, que después de tu muerte no encontraba la salida a su vida.

Con la fe que tú les mandaste en esos sueños les diste confianza, aceptaron la realidad, crecieron y fueron recuperándose, poco a poco, hasta volver a tener esperanzas, ilusiones, alegrías.

¿Ves Francesco, que todo vale la pena? Hasta aprender después de muerto; aunque te voy a confiar un secreto: la muerte no existe... Sí, no me mires así, la muerte no existe.

—**¿Podrías ser más claro?**

—¿Tú tienes un alma que Dios te dio; al nacer, tomas un cuerpo, un cuerpo que, al crecer, va madurando, va envejeciendo; lo aban-

donas y vuelves al Cielo; luego, llega el momento de volver a nacer y así, sucesivamente.

—**¿Entonces, la muerte es el final en cada uno de esos ciclos?**

—*Es transmutar; hay una parte que muere y una que nace, es la que libera el alma para que vuelva a su estado natural. Porque, cuando tu alma entra en el cuerpo, tiene la maravillosa suerte de encontrarse con la muerte y se contamina con ella, con miedos y pensamientos negativos.*

Tu alma es siempre la misma; ella es la que vive eternamente.

Cada cuerpo que tomas es como un cambio de ropa; lo que vale es lo que aprendes al transitar cada existencia. La experiencia de vida que te llevas es la que vale la pena llevar dentro del alma.

Bien, amigo, ahora que tienes todo más claro, te diré algo: ¡qué buena alma la tuya!

—**¿Por qué me lo dices?**

—*Porque vibra, tiene calorcito y brilla con una gran luz.*

—**¿Y eso por qué es?**

—*Porque tienes un gran valor, que es el amor; has amado, te has dejado amar, y el amor siempre te va a enseñar el mejor sendero para seguir.*

—**¿Entonces crees que el amor nunca te lleva por mal camino?**

—*Nunca.*

—**¿Y yo ahora qué debo hacer? Ya cumplí mi tarea en este lugar. Espero recordar en todas mis vidas próximas, si es que las tengo, lo que aprendí ahora.**

—*Concretamente, ¿qué me quieres preguntar?*

—**¿Tuve vidas anteriores a ésta?**

—*Sí, has tenido unas cuantas.*

—**¿Y por qué tuve que aprender todo de nuevo?**

—*¿Todo qué?...*

—**Todo lo que me enseñaron los maestros.**

—No, Francesco, no aprendiste todo; sólo lo que no pudiste aprender mientras vivías. Lo que aprendiste en otras vidas fue lo que te enseñó a resolver las situaciones con mayor facilidad. Lo que traías aprendido era lo que sentías cuando decías tener el viento a tu favor, o ése era tu día de suerte.

—¿Voy a volver a nacer?

—Yo no tengo la respuesta.

—¿Entonces para qué las enseñanzas, si no las podré poner en práctica?

—¡Cómo que no!... Haz memoria; ¿recuerdas en estos últimos tiempos, de qué hablabas con cada espíritu que ingresaba al primer Cielo?

—Lo contenía, le hablaba y le enseñaba lo que había aprendido.

—¿Y por qué lo hacías?

—Porque así lo sentía.

—¿Entonces, lo pusiste en práctica o no?

—Sí. Ahora quisiera saber algo que me inquieta; dime, maestro: ¿éste es el único Cielo que existe o hay más?

—Existen siete Cielos.

—¿Por qué tantos?

—Porque son los que se necesitan.

—¿En cuál está Dios?

—En todos.

—¿No me vas a contestar?

—Te estoy contestando; estuvo y está siempre en todo lo creado, en todo lo vivido, en todo lo existente, en el amor, en todo: Él es todo. Pero yo entiendo tu pregunta: quieres saber si Dios se presentará como un maestro más.

—Sí.

—No lo sé.

—Y dime: ¿tendré que recorrer todos los Cielos?

—No, no es el momento; quizá en otra ocasión, en otra visita.

—¿Y para qué están todos esos Cielos? ¿Por qué se dividen? ¿Qué diferencia hay entre el primero, segundo o quinto?

—Más adelante lo sabrás.

—¿Por qué no me he encontrado con todos los seres muertos que he conocido mientras vivía?

—Algunos están en otros planos y otros han vuelto a nacer.

—¿Puedo seguir preguntando?

—Claro que sí.

—¿Por qué cuando vivía sufría tanto? ¿Por qué no aprendemos todo aquí arriba, y nos quedamos? Si Dios nos da un espíritu para que crezca, ¿por qué tenemos que vivir con un cuerpo y una mente que nos hace todo mucho más difícil? ¿Por qué no nos deja ser sólo almas? Así aprendemos y disfrutamos lo mismo.

—Hablas así porque pudiste trabajar con tus maestros y entender de otra manera tu vida con un cuerpo. Este aprendizaje te hace feliz. Cuando vives, tienes experiencias, aprendes y eres feliz.

Quizás no todas las vidas que vive un alma sean las más tristes, ni las más alegres, sino pruebas; no puedes saber la diferencia entre ser sólo alma y ser otra persona.

—Como eres paciente, creo que puedo, con confianza, pedirte un favor.

—Dime, Francesco.

—¿Podrías, en la próxima vida, si vuelvo a nacer, hacer más fácil el mapa de mi vida?

—¿Fácil?

—Sin tantos laberintos, como para poder encontrar la salida. Con unos cuantos atajos, para hacer más rápidos los logros; pon en mi mapa a alguien interesante, para que me acompañe en algunos tramos de algún sendero.

Permite que yo tenga más opciones y que no me pierda.

—Aunque estés perdido, igual sigues un camino. Muchas veces estar detenido en el tiempo no es retroceder.

—Haz el favor de que mi mapa tenga trazos lo más claro posible, repárteme las cartas menos complicadas y, si puedes, dame alguno que otro comodín de vez en cuando. Haz el juego más fácil que el anterior. Déjame obtener la revancha, la revancha de mi vida, pues esta vez pensaré con más cuidado cada jugada.

—Diría que perdiste demasiado tiempo en cada jugada de tu vida. Quizá ése fue el problema; fuiste muy exigente contigo mismo, demasiado meticuloso.

No pienses tanto en cada jugada; pon todo en acción, porque la intención sin acción queda en ilusión. Las ilusiones no sirven si no trabajas para que se conviertan en realidades.

Y la próxima vez que juegues quiero que te des el lujo de soñar, de crear, de abrir el alma como un sol, de tener la osadía de brindarte sin miedos, sin dudas, sin resentimientos, sin sentimientos que lastimen.

Prometo darte un papel importante en tu próxima vida. ¿Quiero que seas el protagonista de tu propia obra, que sientas el calor de los aplausos y el poder de las críticas.

Quiero que sientas que puedes y pudiste siempre; no me gustaría que cumplieras con el papel de espectador, porque, si bien no correrías riesgos, tampoco te pasaría nada importante.

Los miedos, a veces, en la vida, crean enemigos donde no los hay, ponen odio donde hay amor; ponen cercos donde está la libertad. Piensa que la verdadera libertad está en el dominio de ti mismo.

Piensa que tu alma está unida a ti y que es el único pájaro que no puede volar porque tú lo has encerrado.

Amigo Francesco, sé feliz, no me culpes a mí si no encuentras el camino; no te enojes conmigo si sientes que andas despacio o cargado; piensa simplemente que hay otros senderos, otros puentes, otras salidas. Queda en ti hacer una buena elección, queda en ti transitarlos, vivirlos, sentirlos, aprenderlos.

Y, cuando hayas dejado huellas en tu camino, alguien sabrá admirarte, copiarte y quererte como desean las personas que las quiera.

Sé feliz cuando y como puedas. Sé feliz con las pequeñas cosas que te llenen el alma, que alimenten tu energía.

Sé feliz, te lo ruego.

Después de haber escuchado muy atentamente a este gentil maestro, Francesco se quedó en silencio, mientras sentía que algo especial estaba por suceder: la sensación del final que se acercaba.

Las luces se fueron atenuando en el Cielo, como si estuviera bajando el telón; ya era el momento de despedirse del maestro, hasta alguna próxima vez. Muy afectuosa fue esa despedida, casi la más especial de todas.

Sabía que el señor Destino tenía un papel preponderante en su vida, pero no por eso era el más importante de sus maestros; quizá sólo tenía la responsabilidad más grande.

❧ 18 ❧

Francesco y el niño interior

Entrar en contacto con el niño interior
es unirte a tu propia semilla,
cuidar de él, con cariño y atención,
es recuperar la dignidad interior y la espontaneidad.

Francesco se despidió de su maestro y se fue caminando despacio hasta su cuarto de cristal; se acomodó las alas, las acarició mirando cómo se habían hecho fuertes y suaves; quiso dormir pero no pudo; sabía que al día siguiente (todavía no se había acostumbrado a que los días no tenían división) iba a pasar algo importante. ¿Y si era su último día en el Cielo y no podía bajar nunca más a ver a su familia?

Sobresaltado, salió de la habitación, recorrió en silencio los espacios, buscó una nube y se subió. Iba en busca de alguien que pudiera dar respuesta a su inquietud y, después de cruzarse con varias almas desconocidas, decidió volar con sus propias alas a su segundo Cielo y, así, acelerar su estadía en el primero.

Subió, subió y subió, pero no encontró el segundo Cielo. *"¿Estará hacia el norte?"*, pensó y fue planeando con sus alas volando como nunca y volando libremente como un gran cóndor. Al no encontrarlo, decidió ir al sur, pero tampoco encontró nada; regresó al primer Cielo, casi avergonzado por no haber aprendido a saber esperar los tiempos de Dios. El aire estaba más fresco y los olores tenían un aroma mucho más especial que otros días.

Se sentó en una nube y lloró. Sus lágrimas no lo dejaban ver a la persona que tenía delante, si bien podía sentir su presencia.

—*Hola, Francesco* –dijo la vocecita.

Francesco levantó la vista y quedó anonadado. ¿Qué era lo que estaba viendo? A esta altura, creía que nada lo podía inquietar.

Ahí estaba de pie, flaco, luminoso, cara rosada, boca sonriente, mirada tierna, ojitos pícaros, ahí estaba parado él, sí, él con su infancia.

Los dos se miraron, transmitiéndose amor y más amor; sus miradas hablaron, sus manos se estrecharon, y se abrazaron con ternura, protección y amor.

Sus alas se entrelazaban como queriendo enredarse entre sí, y un rayo los iluminó, atravesando sus corazones.

La emoción de Francesco era inmensa y el Francesco pequeño no dejaba de mostrar su asombro. ¡La sensación era plena, estaban juntos nuevamente!

Las palabras no hacían falta en este encuentro; cada uno sabía cuánto se querían, cuánto se habían buscado, cuánto se habían necesitado.

Ambos sabían que se admiraban mutuamente, que cada uno había hecho lo mejor para que el otro fuera feliz.

Ese niño interior, con el cual se encontró Francesco, había venido para llenarle el alma, para llevarse los recuerdos que no le servían, para sacarle las penas de su niñez solitaria.

Su niño había venido para afianzar su autoestima, para hacer sentir, al Francesco adulto, que siempre había estado con él viviendo en un rincón de su alma y que, ahora, debía saber que ellos eran dos: dos para ser fuertes, dos para sonreír, dos para quererse; aunque externamente se viera una sola persona, siempre habría dos.

Tu niña o tu niño vive dentro, para que no pierdas la capacidad de asombro, la inocencia y la espontaneidad de esa edad; ese niño vive para que no se pierda el pensamiento mágico de creer en lo que no se ve. Está para sostenerte en la fe, para que sepas que nunca estuviste solo, que ambos son fuertes y pueden luchar contra ese mundo interno de dudas y de miedos que habita en cada ser humano.

Esto es lo que Francesco, chiquito, le quiso transmitir a Francesco, en ese gran abrazo.

Luego el niño desapareció, como desaparecen los espejismos en el desierto.

Sin quedar desconcertado, pero sí asombrado, Francesco sintió que había tenido un encuentro muy, muy luminoso. Le costaba salir de su emoción y, después de reconocer que había querido proteger con ese abrazo a esa criatura, se dio cuenta de que nunca había estado solo.

Se prometió llamar a su niño interior todas las veces que necesitara decirle palabras bonitas; era el modo que había encontrado para tener un buen trato consigo mismo.

19
La despedida

Francesco sabía, a esta altura de su estadía en el Cielo, que no tendría que haber sentido tanto miedo en su vida terrenal; no había estado solo nunca; había vivido con su alma llena de energía y luz, como son todas las almas de las personas, aunque algunas las tengan más llenas de polvo que otras. Él ya había aprendido a limpiar su alma.

Había tenido siempre a su niño interno en un rincón de su corazón; ese niño que esperaba que él se fortaleciera, con cada prueba que debía enfrentar en la vida.

Ese niño que lo quería ver reír más seguido.

Ese niño que lo llenaba de proyectos, de ilusiones, que le soplaba muy despacito en el oído cuánto lo quería, cuánto valía, cuán importante era todo lo que hacía cada día de su vida.

Y también él tenía su ángel de la guarda, que lo cuidaba y lo protegía, que le daba señales y mandaba mensajes permanentemente, dándole coincidencias o causalidades, cada vez que estaba en el camino y en el tiempo correcto de sus deseos.

Nunca había prestado atención a la compañía del ángel, porque era demasiado realista y concreto. Ahora sabía que él existía, que era su amigo fiel, su eterno compañero de batallas, y de calma. Había aprendido que la paciencia y la calma eran necesarias para esperar sin desesperar, que en la vida lo bueno y lo malo pasaban como pasan los años.

Había estado en el Cielo todo el tiempo necesario como para darse cuenta de que, siempre había otra oportunidad para ser feliz. aun después de muerto.

Sabía que se había cumplido el tiempo de estadía en el primer Cielo, que éste lo había recibido con los brazos abiertos: un paraíso que había demostrado que su vida estaba llena de aciertos y de errores.

Aprendió que él había sido el arquitecto de su existencia, que no todo estaba escrito, que, en su camino, sus actitudes ante la vida lo habían hecho equivocarse de vez en cuando, lo cual no era tan malo, qué malo era culparse y encerrarse en ese error. Que la vida no era tan cruel, no tan ingrata como él lo había creído.

Estaba totalmente convencido de que todos nacían con las condiciones necesarias para recibir lo que cada uno pedía.

Su alma brillaba cada vez más, y lo único que lo alimentaba era el amor, no el amor egoísta, sino el amor incondicional.

Si deseaba volver a nacer, no tenía que olvidarse del amor, de la gratitud y de la fe, porque estos sentimientos le harían vivir la vida en plenitud, hasta el fondo. Esa vida que él había dejado pasar, sin tomar conciencia.

Sus maestros, con generosidad, le enseñaron las lecciones y le dieron toda la esperanza, y el afecto y la sabiduría que necesitaba.

Los paseos por las nubes habían sido tan gratificantes y hermosos, que Francesco creía que era eso lo que más extrañaría del Cielo.

Encontrarse con algunos seres queridos, que habían partido antes que él, le había dado la confianza para entender que, para cada uno de ellos, la muerte había sido necesaria, el fin de un ciclo y nada más.

Su jardín, resplandeciente y florido, se había transformado en otro pequeño paraíso; parecía que el sol tenía predilección por ese lugar. Se preguntaba qué pasaría con él, pues recordaba que el día en que se lo regalaron le habían dicho que habría de entregarlo.

Su familia había tenido cambios; los visitaba en sueños cuando quería enviarles mensajes; se emocionaba cuando entraba al alma de alguno de sus seres queridos y siempre les hacía notar, en esos sueños, que él era feliz. Le gustaba aparecerse joven (podía tomar la forma y la edad que más le gustaba). Había estado en cada etapa importante de su familia, como espíritu; las flores avisaban cómo estaba cada uno de ellos y, entonces, él bajaba para acompañarlos.

Sus viajes por el Cielo, atravesando nube por nube, eran todo un placer. También sabía que un nieto habría de nacer pronto y que le pondrían su nombre. Uno de esos maestros le había mostrado cuál era el alma que tomaría el cuerpo de su nieto; tuvo la oportunidad de hablar con ella y le encantó. Era muy sabia y muy vieja; había tenido unas cuantas vidas anteriores y en ésta, que era la última, venía a jugarse el todo por el todo. Dijo que iba a ser un músico famoso y querido; Francesco prometió acompañarlo cuando estuviera por nacer, y el alma aceptó con alegría la proposición de su abuelo.

Francesco volaba por las nubes, por encima del jardín, cuando apareció un nuevo maestro; éste brillaba más que los otros y, con sus brazos abiertos, le pidió que se acercara más a él.

—*Déjame darte, en un abrazo, toda mi energía y todo mi amor* —dijo el maestro.

Francesco lo estrechó entre sus brazos. ¡Los dos despedían destellos dorados! Estaban en el centro del jardín. ¡Parecía que las rosas los miraban sorprendidas por el encuentro!

—**Querido maestro, ¡me temo que hoy es el último día en este lugar!**

—*Francesco, mi nombre es Faustino... Y sí, vine a avisarte que mañana partirás al segundo Cielo.*

Alcanzaste aquí todo el crecimiento que necesitabas y pasarán muchos años hasta que vuelvas a este lugar.

Despídete de tu jardín, de tus maestros, y mañana, cuando el sol ilumine con sus primeros rayos, pasaré a buscarte.

—**Faustino, ¿Qué pasará con el jardín?**

—*Tu jardín ha cumplido un ciclo; cuando asciendas al segundo Cielo, él irá desapareciendo y dará el lugar para que otra alma tenga el suyo.*

—*¿Y cómo sabré si mi familia está bien?*

—*No te hacen falta las rosas para saber cómo está cada uno de ellos; lo sabrás por tu percepción, por tus sensaciones.*

—*¿Podré bajar a verlos?*

—*Podrás, aunque el viaje será diferente; quizás, tardes más tiempo en realizarlo. Pero no te faltará mucho para que vuelvas a vivir.*

—*¿Volveré a vivir?*

—*Creo que sí.*

—*¿No estás seguro?*

—*No estoy seguro de que lo quieras tú.*

—*Yo estoy bien así, aquí soy feliz, tengo paz.*

—*Si tomas en cuenta todo lo que aprendiste, también tendrás paz en cualquier lugar donde vayas.*

Tus maestros ahora querrán despedirse de ti. ¡Ah! Y tu ángel también. Así que quédate en el jardín, y luego ve a la gran nube celeste; allí te estaremos esperando.

Francesco saludó a Faustino y se volvió a recostar en el mismo árbol donde lo había hecho por primera vez, cuando llegó temeroso y todavía no había asumido su muerte.

Desde ese árbol, donde había conocido el silencio, que le había enseñado que era la llave para encontrarse consigo mismo, miró las rosas, los arbustos, los árboles, y les habló con todo el corazón:

—*Cuando entré al Cielo, creo que llegué junto con mi mente y sentí el alivio de quien se saca un peso de encima. Todo me parecía bello, desde los colores hasta los olores; tenía la sensación de que eran más intensos.*

Parecía que yo, en toda mi vida, había sido daltónico; pero, después de haber aprendido durante todo este tiempo, me di cuenta de que allá abajo están los mismos colores, los mismos olores, la misma sensación de plenitud que hay en este lugar.

La diferencia es que no estaba abierto para recibir la energía y los sentimientos como para vivirlos a pleno; muchas de las personas nos pasamos, allá abajo, más de la mitad de nuestras vidas temiendo por situaciones que jamás llegan a pasar.

Nos hacemos esclavos de lo que obtenemos, no sabemos esperar, nos resistimos a los cambios, no aceptamos que haya diferentes puntos de vista y terminamos matándonos entre nosotros mismos.

Yo fui un hombre que tuvo mucho cuidado en no dañar a su prójimo; no me tomé en cuenta y me perjudiqué en muchas situaciones; tampoco me cuidé, ni me valoré, y renegué a la vida todo el tiempo. Y fui muy negativo; entonces, me perjudiqué. Luego, la muerte me sorprendió y fue así como aparecí aquí.

Y este jardín, que parece tan simple y agreste... sentí que me apegó a los afectos, aquí, en cada flor. Por cada rosa que florecía, supe que mis seres queridos habían realizado una buena acción. Después de haberlas cuidado con todo mi amor, necesito decirles a cada una de ustedes que son hermosas, y a ti, árbol parlanchín, te voy a llevar siempre como recuerdo del alma.

Jardín de la paz, quizás desaparezcas pronto; fue un placer estar en este lugar.

Una de las rosas se desprendió del jardín y fue volando hacia el alma de Francesco.

LA DESPEDIDA

Él fue deslizándose por el Cielo, hasta la gran nube.

De pie, uno al lado de otro, estaba cada uno de sus maestros, y mirándolo, sonrientes, le fueron hablando uno por uno.

Primero se le acercó Ariel:

—*Francesco, no temas nunca, aunque te sientas perdido, porque aun perdido sigues un sendero.*

Ezequiel, otro de sus maestros, le dijo:

—*Tú tenías muchos miedos y comprendiste que el miedo no sirve, y que está sólo en tu imaginación; nunca temas, nunca te rindas.*

Luego se aproximó otro maestro:

—*No te olvides de que si vuelves a tener sueños que realizar, todo el universo, incluidos nosotros, te estará apuntalando para que se te cumplan. No te olvides de que todo es más fácil de lo que parece.*

Busca, como objetivo en la vida, la felicidad interior, el desapego y la paz de tu mente.

Aprende a cuidar cada una de tus palabras; recuerda que, si piensas una cosa y dices otra, nosotros no entendemos los mensajes.

Una persona es triunfadora en la vida cuando siente que puede lograr un equilibrio en cada etapa, cuando es amada por cómo es. También es triunfadora cuando aprende de los fracasos, cuando sabe perdonar sin rencores, ama lo que hace, a los que la rodean, sin hacer diferencias; cuando da la vida de corazón, sin esperar recompensas.

Recuerda que la prosperidad también es importante, pero no es lo fundamental. No hará falta que pases necesidades económicas, si no te apegas a lo material; ábrete para recibir lo que Dios te dará, sin necesidad de angustiarte.

Recuerda, Francesco, que cada cosa tiene su tiempo; y muchas veces, los tiempos de los hombres no son exactamente como el tiempo que Dios ha decretado para ti.

Ama desde lo más simple a lo más complicado; todo tiene en la vida un porqué, y nada te sucederá por casualidad; las casualidades no existen, todo tiene una causa y un efecto.

Ahora que te despides de este lugar y vas en busca de un nuevo karma recuerda, Francesco: vive con todas tus fuerzas.

Y el maestro le dio un abrazo como si hubiese querido darle toda su sabiduría en él.

El maestro de los miedos le dijo:

—*En tu próxima vida no habrá necesidad de transitarla con tantos temores; tu vida anterior te servirá de experiencia.*

Cada vez que un miedo aparezca en tu mente, analízalo bien y serás consciente de que tomará la dimensión que tú le dejes tomar. Piensa que una vida sin miedos puede ser vertiginosa, arriesgada, loca y hasta divertida, pero nunca será una vida chata y aburrida; tampoco será triste, y hasta es posible que ni siquiera te enfermes.

Tú sabes que podrás elegir cómo vivir y qué sentimiento te convendrá cobijar en tu mente y en tu alma.

Y Francesco recibió otro abrazo, con todo amor.

De pronto, llegó agitada Rosario, su espíritu amigo, compañera de viajes astrales y también del primer viaje a su familia.

Francesco le gritó al verla:

—¡No te vayas sin despedirte! ¡No te volveré a ver!

Rosario le dijo:

—*Me contaron que más adelante podremos encontrarnos allá abajo, y hasta podríamos formar una linda pareja; pero quizás, para eso, tengan que pasar muchos años.*

Será Cupido quien nos fleche, tú ni siquiera te darás cuenta, seremos algo así como almas gemelas.

—¡Qué imaginación, Rosario!

—*No, no es imaginación; me lo contó un ángel y me encantó.*

—**¿Después de todo lo que sufriste allá abajo, cómo puedes querer volver? ¿Te olvidaste de que moriste joven, dejando hijos muy chiquitos y sufriste un año en el hospital? Quédate aquí, Rosario, este lugar es ideal para quedarse eternamente.**

A Rosario se le oscureció la luz de su energía, y su sonrisa se borró como de un plumazo.

—*Francesco, te diré que tuve la oportunidad de hablar con Dios y pude preguntarle por qué a mí me había sucedido todo lo que tú ya sabes, y pude entender lo que allá abajo no entendía.*

Quizás cuando puedas hablar con Él no pienses así, pero vuelve, por favor; me encantaría compartir la vida contigo.

—**No, Rosario, si esa decisión más adelante sigue dependiendo de mí, no volveré; lamento desilusionarte. No quiero que** pienses que te estoy despreciando, al contrario, ¡me encantaría compartir la vida contigo! Pero no, ¡no vuelvo más! Me encanta el Cielo y, aunque yo sé que viviría mi próxima vida de un modo distinto y mejor, igual tendría que pasar por ilusiones y desilusiones, reír y llorar, trabajar, despertarme todos los días cuando sale el Sol, acostarme cuando salga la Luna, formar una familia, tener una casa, un auto, un título o, simplemente, no lograr nada de eso, a pesar de desearlo. Aquí vivo feliz, porque mi mente no me tortura con pensamientos negativos, no hay miedos, ni dudas, ni tiempos que me apuren.

—Sí, pero si tienes una mente bien tranquila, que tome las situaciones con calma, allá tampoco tendrás sentimientos negativos.

Aquí falta algo que allá tienes. ¿Sabes qué? Faltan emociones, besos, caricias, sabores que sólo un cuerpo te puede dar.

—¿Y qué te dijo Dios sobre tu vida anterior?

—Me contó que mi espíritu era muy sabio, muy noble, y que no tenía una mente plena como para tomar conciencia de cambiar ciertas actitudes y hábitos, que, junto con el entorno que yo había elegido, me estaban perjudicando.

Entonces, Él me mandó señales para que cambiara, pero yo no las recibí. Y, como no estaba aprendiendo nada en esa vida, Él hizo que regresara al Cielo y volviera a nacer para ser feliz.

—¿Y por qué no elegiste tú si querías vivir o no?

—Yo ya había elegido no ser feliz; tú sabes eso de tener que cargar la valija, con todos los sentimientos negativos. A mí me pesaba mucho.

—¿Y por qué tanto sufrimiento, antes de morir?

—Porque los médicos y yo nos resistíamos a aceptar la muerte.

—¿Y ahora vas a volver?

—Sí, claro. Siento que esta vez será distinto, pero puedo esperarte.

—¿Y cuánto tiempo estás dispuesta a esperarme?

—El que tú necesites.

—Entonces, Rosario, quizás pierdas mucho tiempo, y yo no me lo perdonaría. Vuelve cuando quieras. Si todavía estás en la Tierra, seremos dos grandes amores.

Tú te irás del Cielo, puedes adelantarte más que yo; no te atrases entonces, por mi culpa.

—¿Cuándo aprenderás que el tiempo no importa? Yo había muerto un poco antes que tú, pudimos habernos conocido.

Mañana nacerás y yo me iré a otro Cielo. Así que te deseo lo mejor, ¡te quiero!

—Yo también te quiero.

Este abrazo fue especial; las luces de sus auras iluminaban todo el Cielo.

Después de un largo rato de silencio, apareció Pancho, su ángel. Su despedida fue corta y emotiva

—Querido Francesco, ya no estaré más contigo; en el segundo Cielo estarás con arcángeles. Yo me quedaré aquí hasta que me manden a cuidar a otra criatura de Dios.

¿Te acuerdas de cuando entramos aquí? Yo te dije que me dabas trabajo.

—Sí, lo recuerdo bien.

—Te seré sincero. Tu actitud hizo que tuviéramos una relación poco fluida, pero, a pesar de que te comunicaste muy poco conmigo, tú fuiste el ser que más quise de todos los que protegí.

—¿Y qué fue lo que hizo que me quisieras tanto?

—Verte tan solo, cuando eras chiquito, fue un gran detonante para que yo te tuviera un cariño especial. No te olvides de que si vuelves a vivir tienes que ser abierto, tener fe y amor; habrá un ángel que te estará cuidando y esperará una palabra para saber que crees en él y, a la vez, puedan ser amigos. ¡Te quiero mucho, Francesco!

—¡Pancho, mi querido Pancho! Ojalá el próximo espíritu que tengas que cuidar te reconozca, te lleve a lugares que te gusten y no tenga tantas dudas como las que tuve yo.

—Descuida, no te olvidaré, aunque me toque cuidar al mejor ser humano.

Te contaré un secreto: si vuelves a vivir y entre todas las mujeres encuentras a Rosario y te enamoras de ella, yo volveré a estar cerca de ti, porque el ángel que ella tendrá es el mismo que tuvo en una vida anterior; Rosario tendrá a Gabriel, y él y yo estaremos juntos, cumpliendo una misma misión.

Nosotros, los ángeles, tenemos ciertos códigos... te daré un ejemplo: cuando alguien te atrae y tú no entiendes el porqué, las personas dicen que es "cuestión de piel", y esto simplemente sucede porque los ángeles de esas dos personas tienen la misma vibración.

Te cuento otro secreto: nosotros ayudamos a cocinar; cuando alguien cocina, de manera excelente, una especialidad, y después tú preparas la receta exactamente igual, no tiene el mismo sabor, muchos dicen que es "la mano". En realidad somos nosotros que, mientras alguien cocina, ponemos nuestros condimentos espirituales.

—**Me llevaré tus consejos en mi alma; ahora dime: ¿tú también quieres que vuelva a vivir?**

—*Yo quiero que seas feliz, donde sea que vayas.*

—**Aquí soy feliz.**

—*Creo que estás en condiciones de ser feliz en cualquier lugar del universo.*

—**Gracias por todo.**

—*No me agradezcas nada; fue un gustazo estar toda una vida contigo.*

Y en otro abrazo se fundió con Francesco.

Estaban apareciendo algunas estrellas y la noche se sentía fresca.

Francesco fue hasta su habitación, la miró por última vez... era hermosa, ¿cómo no la iba a extrañar?

Luego se quedó dormido.

20

Entre el Cielo
y el infierno

Al otro día lo fueron a buscar. El cielo estaba más claro que nunca, los colores se veían intensos y destellaban todo el tiempo.

Ariel había ido a su encuentro con la misma actitud de cuando lo había recibido por primera vez, con esa paz que transmitía en cada movimiento su cuerpo eterno.

Entró en la habitación de Francesco y, con un tono muy suave, lo saludó.

Le dijo que era el momento de la partida, y que abriera la ventana para elegir una nube dorada, una de ésas ante las que él siempre preguntaba por qué no podía usarla para hacer sus paseos. Ésas eran las nubes que llevan a los otros Cielos; las que Francesco acostumbraba usar para sus paseos no podían desplazarse a grandes distancias.

Los viajes siempre se terminaban después de volar con las alas abiertas de par en par, pero éste era demasiado largo como para usar las nubes celestes o rosas.

—*Toma esa dorada que viene hacia aquí* –exclamó Ariel.

—*Ya la tengo. ¿Subimos?*

—*Sí; espérame que voy a acomodar mis alas, para que vayas más cómodo.*

—*Estoy cómodo. ¿Podemos hablar mientras viajamos?*

—*Habrá momentos en que sí podremos, pero en otros atravesaremos el Cielo a una gran velocidad y no nos escucharemos. Si deseas, empieza a contarme lo que quieras, ahora que las nubes se mueven lentamente.*

—*¡Sabes, Ariel? Recorrer el Cielo, vivir en él, conocerlos a ustedes, aprender, viajar para ver a mis seres queridos... todo esto que viví me pareció un sueño, un sueño profundo y bonito. Capaz de llenar de plenitud la vida a cualquier persona. Fui muy feliz aquí.*

Ahora yo quisiera que me contaras qué viene, qué pasará en el segundo Cielo, cuánto tiempo tendré que estar. Si es tan lindo como el primero...

—Cada Cielo tiene su encanto. No sé si estarás en el segundo Cielo mucho tiempo: cuando llegues, relájate y déjate fluir; porque después de todo, ahora te va a ser más fácil que cuando llegaste al primer Cielo.

—*Y dime: ¿por qué hay tantos Cielos?*

—Porque hay espíritus con diferentes tipos de luz, o llámalos categorías, y cada Cielo ofrece diferentes enseñanzas y cuidados.

—*¿Dónde está el infierno?*

—¿Cuál? Porque hay muchos.

—*No sabía que había muchos. Quienes hacen daño mientras viven, cuando mueren, ¿van al infierno como castigo?*

—¿Eso dicen allá abajo?

—*Sí, por lo menos eso es lo que aprendí.*

—Te clasificaré los infiernos y tú me dirás cuál es el más conocido. El que, se supone, gobierna ese ángel que se rebeló contra nuestro Dios está muy lejos; ninguno de los que vivimos aquí sabe dónde está, pues ninguno tiene la necesidad de conocerlo.

El único juicio por el que pasan las personas que vienen aquí es el que ellas hacen consigo mismas.

Después hay otros infiernos.

Hay vidas que son un infierno; si en tu vida anterior cometiste malas acciones, en la próxima sufrirás, pero no como castigo sino como aprendizaje.

Otro infierno es el que tiene cada persona cuando pierde la alegría, cuando nada la satisface, cuando su entorno no comparte sus pensamientos, cuando se empecina en amar a alguien que no lo tiene en cuenta.

No hay peor infierno que el de aquel que lucha contra sí mismo, que va en contra de sus ideales, del que no se anima a enfrentar la vida con actitud digna.

Hay épocas en las que algunos sienten vivir en el infierno; ésos son los tiempos en que la soledad les colma todos los espacios; son años de pérdida, en que la luz no aparece, ni siquiera de lejos.

Esos infiernos son las más comunes de todas las personas y no hay diablo más poderoso que los pensamientos negativos que no te dejan estar en paz.

No hay lugar más oscuro que un corazón vacío de sentimientos.

Y no hay lugar más triste y desolado que el que tú puedes construir con un corazón que no tiene fe.

No hay infierno que supere a aquel que implica vivir sin amor a la vida. El odio es fácil, se alimenta solo; el rencor crece sin necesidad de hacer nada; la indiferencia sale sola, sin pensar.

Parece que hacer daño, envidiar o ser individualista es normal en la naturaleza del hombre.

Dios hizo al hombre libre para elegir qué hacer y, sin embargo, parece que viviera equivocado, porque siempre vivió en guerra, siempre hubo conflictos, celos, competencia en la mente de los hombres.

Por algo nos manda a decir que nos amemos unos a otros. Más que como mandamiento, lo pide como consejo y quizá como advertencia, pero si no aceptan ese buen consejo, todo será un caos, no porque Él los castigue (el castigo suena a tiranía), sino como prevención. Pues si no se aman no vivirán bien, tampoco vivirán en armonía, conocerán riesgos y vivirán llenos de miedos entre todos ustedes

Ser libres para elegir es toda una responsabilidad; eres libre para elegir el destino, el tiempo, y hasta para saber cómo y dónde vivir. Libre para saber con quién compartir tu vida, tus afectos.

—**Si amar es la base de todo, si estar en armonía con el entorno es indispensable, si ser feliz es posible y si estar sano es lo natural, si como seres amados por Dios les cuesta tanto dar lo mejor de cada uno, ¿cómo pueden decir que son seres avanzados?**

—El Amor, con mayúscula, es eterno, trasciende la frontera de todo sentimiento. Es inmenso y es total; vivimos todos de acuerdo con lo que el amor nos pueda dar. Una palabra de amor de quien amas te levanta hasta lo más alto del Cielo. Pero uno siempre espera que sean los otros quienes nos amen primero; siempre el otro es al que yo le exijo que empiece a hablar, a demostrar que me quiere. Y no sólo eso, sino que dudo si el otro es sincero con lo que me dice. Cuando alguien nos ama de verdad, hasta nos damos el lujo de desconfiar. Y, muchas veces, no nos damos cuenta de que cansamos al otro con dudas e indecisiones, y vamos apagando poco a poco las lucecitas de amor.

Te voy a explicar qué son el amor y el odio. Amar es una tarea fuerte y de personas audaces; los cobardes no se animan a amar, porque temen salir lastimados.

El amor nace desde el espíritu, luego pasa por la mente y por fin llega al cuerpo como último eslabón, para lograr la unión de las personas que se aman.

Amar es como subir una montaña empinada, con algunos caminos fáciles de transitar y otros llenos de obstáculos. Llevas en la mano una lámpara encendida para que ilumine tu vida y para que te dé algo de calor; vas subiendo, tratando de que el viento no apague la luz, y buscas reparo para que la llama no se apague. Vas subiendo, con energía e ilusiones, por el sendero de la montaña, mientras el clima te acompaña y los olores de la naturaleza te elevan, y te vas preguntando qué se sentirá al llegar a la cima, con qué te encontrarás, qué sensación tendrás y dónde estará la paz. Sin embargo, es mucho más placentero subir por la mañana que llegar a la cima, porque a veces llegar a la cúspide no nos satisface. Estamos acostumbrados a que siempre nos falte algo, y esto nos hace muy poco agradecidos.

En cambio, el odio no da trabajo, sale solo; es como estar arriba de una montaña, tirar una piedra y mirar hacia abajo para ver cómo cae, hasta llegar al pie de la montaña.

Seguramente habrás escuchado decir que del amor al odio hay un paso, y así es; lo que amé, lo que fue importante para mí, si no responde en algún momento a mis expectativas, lo crucifico y lo transformo en odio; total, no cuesta esfuerzo odiar; simplemente lo siento, no necesita paciencia ni cuidado. El odio crece solo, crece con el paso de los días, más y más.

Todo lo que amé en el otro, cuando di algo y no tuve respuesta, ahora se convierte en rencor, en odio, y lo quiero ver de rodillas, pidiendo perdón por sus acciones.

Pero, aunque aceptara hacerlo, eso no te bastaría, porque todo ese odio no le llegó. Te llegó a ti, te envenenó la sangre y las palabras y condenó tus buenos momentos.

Y sigues echando la culpa de tu desdicha a quien crees que ha sido el responsable de haberte arruinado la vida.

Reconoce que tú le permitiste que te la arruinara. No dejes que ese odio siga dentro de ti, porque tu maldición seguirá cayendo sobre tu vida. Deja tranquilo a quien te dañó, para que tú te quedes tranquilo.

Deja que el infierno de sentimientos negativos que vive dentro de ti desaparezca, para que pueda quedar sólo un gran remanso que te deje respirar con toda el alma.

Debatirse entre el amor y el odio, entre la alegría y la tristeza, entre la certeza y la apatía, es seguir animando el fuego de tu propio infierno.

Amar, muchacho, amar, esa tarea que nos dejó nuestro Señor, parece fácil y, sin embargo, ¡cuesta tanto!

Debes perdonar a los que no te quieren, a los que te abandonan, pero debes hacerlo por ti, por tu paz; puede ser que el otro necesite tu perdón, pero hazlo, sobre todo, por ti.

No te castigues sufriendo; no te lo mereces. Puedes fracasar, sentirte derrotado, triste, y hasta aceptar, por un momento, sentirte así. Mas es importante que sepas que siempre tienes otra oportunidad para ser, para hacer, para sentir.

No te aferres a lo que te hace sufrir, porque sufrirás más.

No siempre uno es sabio para hacer buenas elecciones, pero puedes seguir eligiendo siempre, porque eres libre. Tienes otra oportunidad cada vez que te propongas volver a empezar.

Amigo mío, en la próxima vida, si es que decides volver, acuérdate bien de esto: vive, ríe y ama.

—Si vuelvo a tener otra oportunidad de vivir, prometo no dejar que en mi interior surja ese pequeño infierno, que muchas veces alimentó sentimientos dolorosos en mi mente.

Ahora estoy convencido de que la vida es bella, cuando uno la toma como una bendición y no como un castigo. Si esto lo hubiera aprendido antes, estoy seguro de que todavía estaría vivo, de que el éxito me hubiera tocado de cerca.

La vida invita a viajar vertiginosamente entre los afectos, entre la gente que se te acerca y la que se te va.

Uno busca sobrevivir y no sabe vivir; uno busca que todo el tiempo los demas te acepten, te quieran. Buscamos constantemente el amor, y el amor es la vida; y, si amas la vida, ella también te ama.

¿Por qué es tan difícil aprender, si es más simple de lo que uno piensa? Buscamos excusas todo el tiempo para limitarnos y buscamos culpables, porque nuestro ego no nos deja ver hasta dónde somos nosotros los verdaderos culpables.

¿Viste cómo aprendí la lección y lo convencido que estoy de lo que digo? Si alguien me hubiese dicho que yo tenía que morirme para aprender a vivir, lo habría mirado pensando que estaba loco.

Aunque, pensándolo bien, todo es loco; si estar loco es liberarse de las ataduras, decir lo que uno piensa, hacer lo que uno siente, dejar lo que nos hace mal, largarse a la aventura, ¡bienvenida esta locura de vivir donde sea, en el Cielo o en la Tierra! Lo importante es la libertad de buscar la felicidad.

—¡Eh, me gusta escucharte! Te brillan las alas cuando hablas así. ¿Te acuerdas cuando llegaste? Estabas realmente en el limbo.

—En el limbo viví siempre.

—No me vas a decir que no valió la pena enfrentar la osadía de escuchar a tus maestros; mira si te hubieses quedado como un espíritu sin rumbo.

—*Es que me costó aceptar mi muerte.*

—*Y dime, ¿piensas volver a vivir?*

—*Siento que hacerlo sería como hacer un examen, el de mi vida. ¿Cómo sabré que no me olvidaré de todo esto?*

—*Ya lo sabrás pero, si seguimos hablando, tengo la idea de que te quedarás en este Cielo.*

—*¡No, quiero conocer más! Ahora quiero todo; no todos los días uno puede conocer Cielos diferentes.*

—*Bueno. ¿Qué te parece si vamos?*

—*Vamos.*

Francesco y su amigo abrieron bien sus alas y, con toda la luz que irradiaban sus alas, empezaron a elevarse. Comenzaron a ascender de una manera suave y armoniosa, junto con la nube dorada.

Subieron y subieron. Algunas nubes los ayudaban a desplazarse con más rapidez. Por algunos tramos se quedaron dormidos, como a quien después de emprender un largo viaje lo vence el cansancio. Una gran luz los fue despertando suavemente, y al abrir sus ojos apreciaron todo el color del segundo Cielo... todo era rosa y dorado; los olores eran más dulces que los del primer Cielo.

❧ 21 ❧

Reflexiones de Francesco sobre su vida futura

Francesco no era el mismo de antes. Cada día que había pasado, cada maestro que le había hablado le habían dejado huellas en el alma. Esas huellas que quedan después de haber crecido, se habían quedado en su memoria, junto con sus mejores recuerdos. Ya no había miedos ni dudas. Todo era felicidad plena.

Francesco no tenía ansiedad de saber qué pasaría de ahora en adelante; sólo sentía un poco de curiosidad.

Después de llegar al segundo Cielo y de acomodar sus alas, esperaron en las puertas de ese paraíso a que alguien apareciera. Tras haber esperado lo suficiente, alguien apareció. Era un maestro luminoso como un sol; llevaba una gran corona de estrellas sobre su cabeza y un cetro.

Este maestro, con una voz muy alta pero tranquilizadora a la vez, le habló:

—*Te estaba esperando, Francesco; es una gran alegría tenerte en este Cielo. En algún momento pensamos que no querrías estar aquí. Tú siempre te arraigabas a lo conocido y los cambios nunca te gustaron, ni después de muerto.*

—**Veo, maestro, que me conoces bien, aunque yo no sepa quién eres.**

—*Perdón, no me presenté. Soy el maestro que decido, de acuerdo con la luz que tiene cada alma, qué debo hacer con ella.*

—**¿No es que tengo un alma libre?**

—*Libre sí, pero aquí hay leyes que se deben respetar. Igual puedes elegir; yo solamente indico cuáles son las mejores oportunidades que te puedo brindar. Acompáñame a un lugar, pues te quiero mostrar algo; ven conmigo al oasis de las luces. Te sentarás en el centro de un gran arco iris y te diré qué es lo que puedes hacer.*

Fueron caminando, casi flotando por los aires, hasta ese lugar.

Llegaron y su guía le indicó dónde sentarse.

Lo ubicó en el centro de un gran arco iris y le dijo:

—*Yo soy el maestro del olvido. Cada rayo mío tocará un centro energético de tu alma y grabará cada enseñanza que tú aprendiste, en lo más profundo de tu ser.*

Luego, podrás pasar por un torbellino de luces que te energizarán y dejarán tus vivencias con tus maestros.

Cuando una persona nace, siempre lleva el recuerdo de haber pasado por el Cielo y hasta puede llevarse las experiencias de su vida anterior.

Cuando niño, estas experiencias son más nítidas, pero después de cumplir los seis años se empiezan a borrar porque prevalece la razón; el entorno empieza a influir, y se tiende a olvidar algunas experiencias vividas; otras experiencias, algunos gustos o tendencias permanecen en la memoria.

Y lo que no se aprendió en la vida anterior se reaprende en la próxima.

—**¿Y me olvidaré de todo esto?**

—*He decidido que, como eres un ser especial, no pases por la Ley del Olvido. Queremos que te acuerdes de todo lo aprendido.*

Por supuesto que estas experiencias irán apareciendo poco a poco, a medida que las vayas necesitando.

—**¿Yo, un ser especial? ¿Por qué?**

—*Lo eres por tu bondad y por tu entrega. No pasarás por la Ley del Olvido. Es el premio que tendrás para que puedas ser feliz.*

—**¿Entonces no sufriré tristezas, ni enfermedades, ni frustraciones?**

—*Siempre y cuando estés dispuesto a dejarte fluir por la vida y a no desviar tu camino, lo lograrás.*

—**¿Y cuándo será la próxima vida?**

—*Cuando tú lo desees.*

—**¿Puede ser ahora mismo?**

—*Sí claro; estás preparado.*

—¿Y que pasará con mi familia?

—Se ve que has perdido la noción del tiempo.

—¿Por qué lo dices?

—Porque pasaron muchos años. ¿Recuerdas que tiempo atrás bajaste a acompañar a otra alma para que tomara el cuerpo de tu nieto, y que iluminaste con tu energía ese gran momento?

—Sí, claro que lo recuerdo. Pero no entiendo.

—Te explicaré. Tu nieto tiene ahora veinte años y tu mujer acaba de entrar al primer Cielo.

—¿Ella ha muerto?

—Sí.

—¿Cómo no lo supe?

—Fue justo cuando viajabas para acá.

—¿Y cuántos años pasaron desde que me fui?

—Treinta y cinco.

—¿Mis hijos están bien?

—Muy bien.

—¿Vivirán mucho más tiempo?

—No te preocupes por ellos; los encontrarás en tu próxima vida, cumpliendo otros roles.

—¿Uno siempre se vuelve a encontrar con las mismas personas que conoció en su vida anterior?

—Sí, claro; cumplen otros roles, con la misión de enseñarte a crecer.

A todos, absolutamente a todos los que conociste anteriormente los encontrarás ahora. ¿Nunca te pasó ver a alguien y creer que lo conocías de otro lugar, pero nunca pudiste saber cuál era ese lugar? ¿O de rechazar a alguien y no saber por qué?

—Sí, me pasó, muy a menudo; visité lugares y sentí que los había conocido antes. ¿Pero cómo puede ser que no nos acordemos?

—Porque, antes de nacer, pasas por la Ley del Olvido y solamente puedes recordar por medio de sueños o de sensaciones.

—*¿Y yo no olvidaré nada esta vez?*

—No olvidarás absolutamente nada.

—*¿Sabré quiénes fueron en mi vida anterior los que estarán a mi alrededor?*

—Eso no, porque tendrías ventaja en sus vidas; sabrás que estuvieron contigo siempre, pero no sabrás quién fue cada uno de ellos en tu vida anterior. Además, te podrás dar cuenta por ciertas señales.

Tú no serás un ser cualquiera en la Tierra; tendrás una misión que será designada por el maestro.

Serás alguien con gran carisma, atraerás a personas que te escucharán y les darás fuerzas para seguir adelante con sus vidas; les transmitirás paz, contagiarás alegría y les enseñarás a encaminarse.

—*Entonces no seré tan libre como para elegir qué hacer, si ya tengo designada una misión.*

—Sí, pierde cuidado, seguirás siendo libre; esta misión está designada porque tienes un alma vieja, y las almas viejas, al contrario de las jóvenes, tienen la suerte de aprender una sola vez y pueden aprovechar mejor las enseñanzas.

—*¿Qué es lo que haré?*

—Podrás dar ayuda desde cualquier lugar. Todos ayudan: ayuda el médico a curar, el religioso a tener fe, el músico endulza los oídos, el que enseña ayuda a crecer. Hasta la más simple de las personas puede dar lo mejor de sí misma.

—*¿Por qué me eligieron a mí como alguien especial? Personas buenas y decentes y mejores que yo hay muchas. Todos los días entran en el Cielo millones de almas mejores que yo.*

—¿Eso quién lo dice?

—*Yo.*

—¿Mejores que tú, si te comparas con quiénes?

—*No sé... con muchos.*

—Tú no eres el único que va a volver con una misión.

—*¿Ellos tampoco pasarán por la Ley del Olvido?*

—No, son muchos los que no pasan por esa ley. Los elegimos porque sabemos que cumplirán con esa misión, y a la vez serán felices.

—**Cuéntame más de mi próxima vida; ya me estoy ilusionando.**

—No, si te cuento no será lo mismo.

—**¿Por qué no?**

—Cuando uno vive una experiencia por primera vez y luego la quiere repetir, ya no es lo mismo. Acuérdate de esto mientras vivas.

Cuando te pase algo que te haga sentir gozo y te haga vibrar, deja que quede guardada la sensación en un rincón del alma. Y, si quieres volver a repetir la situación, prepárate para que la sensación no sea igual, porque puedes desilusionarte.

No te contaré qué pasará en tu vida; es como si fueras al cine y el acomodador te contara toda la película, incluso el final. ¿A ti te gustaría?

—**No, pero, si te recomiendan la película, vas; si te dicen que es mala, no vas.**

Estar en este Cielo es entrar en éxtasis, aunque el otro ha sido para mí un paraíso. Pero ahora sí sé que las cosas cambiarán, que las experiencias serán otras, que mis expectativas serán diferentes.

Todo camino trae una nueva esperanza. Ahora estoy aquí esperando no sé qué, pero estoy esperando. Y quien espera que sucedan cosas tiene ilusiones y se siente vivo.

Y, aunque yo haya muerto, la vida seguirá estando en mí, en mi alma. Nunca pude darme cuenta de que fue mi alma la que vivía todas las experiencias y que yo las hice accionar simplemente con mi cuerpo.

Pensar en volver a la vida no me entusiasma demasiado, será porque los sabios dicen que la vida es sufrimiento.

Y, si yo volviera a nacer, tomaría los acontecimientos que me tocó vivir con otra filosofía, con la de los grandes maestros, que me dieron su sabiduría en todo este tiempo.

La vida es un acontecer de situaciones y, si tomáramos cada situación como algo trascendente, aceptaríamos lo que no podemos cambiar, cediendo y adaptándonos a lo que nos toque vivir y, a la vez, valoraríamos más las situaciones lindas, placenteras, aunque sean pequeñas, y las guardaríamos en un lugar del corazón. Seríamos felices, y la vida no sería sufrimiento, sino plenitud.

Si me encontrara con Dios y me pidiera que elija, no sé que diría. Si pudiera darme un certificado, con la garantía de que mi vida estará llena de situaciones positivas, entonces aceptaría qué cosas volver a vivir. Pienso que, si todo fuera como yo quisiera, si obtuviera todo lo que deseara, es probable que tampoco fuera feliz, porque quizás no lo valoraría, simplemente porque no me habría costado trabajo conseguirlo; y lo que sale fácil, sin esfuerzo, a veces no es valorado. Pero tampoco tendría experiencias, porque no cometería errores y entonces aprendería muy poco del arte de vivir.

Entonces, ¿qué le pediría yo a Él para volver a vivir con todas las letras? Quizás le pediría esa capacidad que no te enseñan los padres ni los maestros en la escuela. Le pediría que me mostrara cada problema como una oportunidad nueva para crecer, aunque crecer duela. Crecer es madurar, aprender, sentir.

También le pediría éxito personal. ¿Pero qué es el éxito? ¿Es conseguir lo que uno quiere? ¿O es sentirse reconocido por los otros?

¿Es obtener fama, dinero o que la persona que uno desea nos ame? ¿Qué será el verdadero éxito?... No, no le pediría éxito, porque tener éxito depende de mí; un maestro alguna vez me dijo que el éxito es ser feliz con lo que uno logra; si no, no es éxito, y lo comparo con un mecanismo: una pieza es la autoestima, otra es lograr una meta, mantener una comunicación con los pares, tener trabajo, no solamente para vivir de él, sino para disfrutarlo.

¿Qué le pediría a este Dios omnipotente? Una vida con amor, llena de amor. Sí, creo que eso sería lo fundamental; una vida con amor infinito hacia todo lo que me rodea. Le pediría equilibrio para que el daño de los otros no me llene de resentimientos, para aprender a tomar las cosas con calma, para no enojarme con tanta facilidad, para sentir que vivir es un trabajo complicado pero no difícil.

Si yo aprendiera a vivir en armonía con las leyes de la naturaleza y si nadara a favor de la corriente y no en contra, aceptaría volver a vivir.

¡Cuántas veces en mi vida miré el cielo o miré un crucifijo y sabía qué pedirle a Dios!... Y, ahora que lo tengo muy cerca, no pude darme cuenta de qué es lo que realmente quiero.

¿Cuántas veces, Dios mío, cuando te he pedido que me concedieses tal o cual cosa, me lo concediste, y yo ni siquiera te lo agradecí?

¡Qué ingratos somos cuando no entendemos la vida y más ingratos aún cuando no entendemos la muerte!

Si agradecemos un aplauso, un favor, un elogio, ¿cómo no somos agradecidos contigo?

Ahora estoy dispuesto a verte, a sentirte o a escudarte; aprenderé a esperar a que aparezcas, cuando Tú lo dispongas. Sé que todo está en tus manos; esperaré ese encuentro tan deseado y sabré aceptar tus decisiones.

Ya aprendí que las cosas suceden cuando tienen que suceder, en el momento justo, ni antes ni después: en el momento en que uno está preparado para recibirte.

De pronto, se escucharon pasos muy suaves y apareció un nuevo maestro. Un maestro más iluminado que cualquier otro. Con una voz muy, pero muy suave, le dijo:

—*Oye Francesco. ¿Con quién hablas?*

—*Con el Señor.*

—*¿Y te ha contestado?*

—**Muy en mi interior, sí.**

—*¿Y qué te ha dicho?*

—**Que esperara, que pronto llegaría lo que espero.**

—*Si supieras que ese momento tan anhelado ya llegó, ¿qué dirías?*

—**Que estoy preparado.**

—*Bueno, entonces vamos. Acompáñame; este momento será inolvidable para tu alma y para tus pensamientos.*

—**Siento que me late el corazón con fuerza.**

—*Será tu alma.*

—**Mi alma late con fuerza.**

—*Bien, significa que tu alma está limpia.*

—**¿Qué es un alma limpia?**

—*Un alma pura, sin ningún sentimiento que la desamortice, sin miedos, sin culpas, sin resentimientos, en la que sólo hay amor. Amor incondicional, amor eterno. Amor con mayúscula.*

El nuevo ser tiene un alma de bebé, un alma pura. Después, las circunstancias de la vida oscurecen el alma, que empieza a perder brillo y fuerza.

Si uno quiere mantenerla en estado puro, tiene que trabajar mucho interiormente para limpiarla.

—**¿Hay seres con alma puras?**

—*Sí, los hay. Muchos se destacan por ser humildes, solidarios, bondadosos; vibran y hacen vibrar a los demás.*

—**¿Cómo se los distingue en la Tierra?**

—*Observa a cada persona que se te cruce en el camino, y una vez que te encuentres con ella, su mirada y todo su ser te transmitirán paz, paz interior. No necesariamente tiene que ser una persona culta, ni inteligente, ni poderosa, ni rica.*

—**¿Tienen alma de bebé?**

—*Sí, son personas con almas de bebé, con sentimientos de niño y sabiduría de viejo.*

22

Conociendo a Dios

—Ahora ven, ubícate en este arco iris circular que marcan estas nubes y siéntate, abre tus alas, desplegándolas hasta donde puedas; abre tu alma, cierra los ojos y solamente espera.

—**¿Qué es lo que me pasará?**

—*Ya lo verás.*

Oyó un sonido muy intenso, olía un aroma muy dulce y el Cielo se abrió, como dos compuertas que se abren para dejar pasar el agua.

—*Lo único que te pido, Francesco, es que no abras los ojos mientras tengas este encuentro* –le recalcó el maestro.

—**Haré lo que tú digas.**

Seguía el movimiento en el Cielo; los sonidos y los aromas iban agudizándose más y más. Entonces apareció Dios, en todo su esplendor; con toda su luz y con su amor infinito por Francesco, le habló:

—*Amado Francesco, ha llegado la hora de este encuentro tan deseado por los dos.*

Te amé, te amo y te amaré siempre, como amo a cada ser que he creado.

No necesitas entenderlo todo, no necesitas que yo te pregunte nada.

Yo todo lo sé, he vigilado cada acto de tu vida, he estado en cada acontecimiento, en los pequeños y en los grandes momentos de tu vida.

Te he mandado llamar cuando era el momento de abandonar tu cuerpo.

Yo le doy, a cada ser, talentos, entre ellos el amor y la libertad; ser libre es toda una responsabilidad; es más cómodo tenerlo todo, como el pájaro al que encierran en una jaula y tiene todo servido, pero eso no es ser libre.

La libertad y el amor son lo máximo que les puedo dar.

Todos necesitan vivir lo más intensamente posible en total y plena armonía, hay que vivir cada día como si fuera el último de la existencia, como si fuera la última primavera o la última navidad.

Tus talentos son los dones que te regalo, para que seas una parte de mí; ellos se irán desarrollando, a medida que brindes tu amor y tu ayuda a todos los seres que te rodean.

Brinda servicio, sé humilde de corazón, ama a todo ser que halles en la Tierra como lo amo yo.

Nada debe faltarte si estás en plena armonía con tu mundo.

Ustedes hicieron guerras por haber elegido ser egoístas e ignorantes. Sus mentes son perfectas y sus recursos ilimitados, pero cometen errores, se equivocan y yo lo permito, porque son libres.

Yo tengo un ejército de seres altamente espirituales que se encargan de cumplir mis órdenes y de prestarles ayuda.

Tienen a mis ángeles que los acompañan y, por sobre todo, tienen mi amor.

Yo amo a cada ser que habita el planeta; lo sé todo y lo puedo todo.

Yo he creado a cada alma para que viva y se nutra de experiencias; para que crezca y sea feliz.

No castigo; les doy señales y advertencias, pero muchas veces están tan cerrados que no las reciben. Entonces espero y se las vuelvo a mandar, en algún momento las reciben y aprenden.

Soy tu Dios, quien te ha creado con todas la virtudes, quien te ha dado el poder infinito. Ahora tendrás que acordarte de esto: nada tiene más valor que un ser humano, sea o no perfecto; no hay buenos ni malos, la diferencia está en que hay personas más sabias que otras.

Algunas aprovechan la vida y otras no pero, como siempre hay otra oportunidad para volver a nacer, lo que no se aprende en una vida se aprende en otra.

El que es justo tendrá justicia.

El que se equivocó tendrá más pruebas que pasar.

Hay una sola forma de crecer sin sufrir: amar a cada ser con todo el alma. Pase lo que pase, sigue amando la vida y el universo, porque mi justicia siempre llega y yo quiero lo mejor para ustedes.

A veces son ustedes los que no saben buscar lo mejor. Igualmente, siempre se puede seguir buscando.

Ahora, Francesco, dime lo que sientes: ¿quieres volver a nacer?

El alma de Francesco vibraba tanto que daba saltos: parecía que hasta tenía latidos. Un gran escalofrío le recorrió las alas; el calor que le daba Dios lo acariciaba y, con una voz entrecortada y no muy segura, le respondió:

—**Sí, y quiero ser feliz.**

—*Ya lo aprendiste en el otro Cielo.*

—**Aprendí la teoría, la práctica no sé si será tan fácil.**

—*No te olvidarás, porque uno nunca se olvida de los buenos momentos vividos, aunque lo hayas aprendido en el Cielo.*

—*Todo está guardado en el estuche de tu alma.*

—**¿Entonces, seré feliz?**

—*Serás lo que desees ser. Recuerda esta fórmula y todo será muy fácil: llena siempre tu corazón de palabras alentadoras, ponle canto de pájaros.*

Enciende colores en tu cuerpo por cada momento grato que te acontezca.

Deja que la mente se aquiete para que tus pensamientos sean claros.

No digas "no puedo".

No te justifiques, ni te pongas en ninguna categoría, no te maltrates.

Cuando aparezca un deseo, pídelo para que aquí arriba te abramos los caminos.

Pon en acción todo lo que desees hacer y, ante cada obstáculo que se te presente, piensa qué intención positiva te está dando; por cada piedra que se te presente en tu camino, pregúntate de qué te sirve, de qué te cuida, por qué está allí. Una vez que tengas las respuestas, podrás correrla de lugar y seguir avanzando. No tienes pendiente asumir alguna consecuencia de acciones negativas tuyas en esta próxima vida, así es que cuentas con puntos a tu favor.

—Pienso y pienso si quiero volver y no encuentro la respuesta. Y me pregunto; ¿para qué crecer?... Pasar de nuevo, por cada etapa hasta que llegue mi hora de morir es como construir una casa, perderla y volver a empezar. Y, por otro lado, pienso que la vida tiene momentos maravillosos que en el Cielo no existen, como el encuentro entre dos personas, sentir la piel de uno con la del otro, comer, bailar, soñar... ¿cómo haré para equivocarme menos y disfrutar más?

Ya no cometeré los errores pasados, pero seguramente cometeré otros. No seré miedoso, ni dudaré tanto, pero tendré otras limitaciones y, si vuelvo a nacer, quiero ser feliz, sentirme feliz y ver felices a los que me rodean. Y yo sé que eso no será fácil. ¿Puedes prometerme que todo será como yo desee? Si me dices que sí, yo volveré a vivir.

—*Yo no te puedo contar la próxima vida, ni el principio ni el final, porque no tendría la misma intensidad ni el mismo aprendizaje.*

Tú ya tienes la receta para vivir plenamente; ya conoces los ingredientes para que todo sea más llevadero. Te faltará uno que otro condimento pero, si sabes buscar en tu interior, lo encontrarás con facilidad y seguirás con la acción del deseo, hasta llegar a ver cada objetivo realizado.

Busca en tu corazón la verdad. Ahí están todas las respuestas de la vida.

Guíate por el latir de tu corazón, por el fluir de tu sangre, por el calor de tu piel, por el brillo de tu mirada. Guíate por tu percepción y seguirás el sendero correcto.

Eres y serás un ser ilimitado; lograrás todo lo que desee tu ser si sigues las leyes de la naturaleza y nadas a favor de la corriente y no en contra.

Mira todo lo que te rodea como si llevaras lentes de color rosa.

Habrá cosas que te agraden: contémplalas más tiempo. Deja de lado las que no te gusten, pero no las deseches; quizás más adelante te puedan gustar.

Uno es en la vida lo que percibe de ella. Te sentirás feliz si todas tus partes están en paz y en armonía. Y, si así te sientes, los que te rodean se contagiarán de lo que les transmites, y también serán felices.

La vida sirve para que la transformes en un paraíso, si te dedicas a amarla.

Tú eres amor puro, no lo dudes ni un instante.

Yo soy amor puro y te he creado para que te ames siempre.

Y amar al otro no es difícil; es complicado porque tienes que aceptar a cada uno como es. No ames la representación que te haces del otro, ama su ser y su realidad, y deséale su bien como deseas el propio.

Cuando te falten respuestas, búscalas en tu corazón; él no miente ni te engañará nunca.

Cometerás errores; si no, ¿de dónde adquirirías experiencias? Pero podrás ser tu propio mago si los valoras y los aceptas.

Tendrás pruebas que pasar; quizás algunas sean fuertes y otras no tanto. Yo siempre te daré señales y, si tú las recibes, esas pruebas serán bienvenidas por ti, porque te enseñarán a crecer.

Alimenta tu espíritu con cada aprendizaje; siente cada momento que vivas como único e irrepetible. Y, si el momento es bueno, revívelo en tu memoria todas las veces que puedas; y, si el momento no te agrada, acéptalo y gana experiencia.

Sé muy bien lo que quieres y qué piensas. Solamente los espíritus que no tienen coraje se quedan en este plano. Igualmente, eres libre de tomar cualquier decisión.

La vida que te doy será como una caja de sorpresas, y tú irás llenándola de momentos agradables y de dulzura.

Tú harás la magia de transformarte en un ser libre de presiones y de penas, si sabes usar la alquimia de tu corazón.

Yo te daré un mazo de cartas, con las que podrás jugar la mejor partida de tu vida.

Siente pasión cuando hagas algo que te guste.

No dejes que los demás tomen determinación sobre tus acciones. No los culpes de lo que te pase; tú, solamente tú, tienes el carro de tu vida.

Serás feliz, si lo deseas.

Cuando mires, permite que tus ojos te dejen ver más allá de lo que tu mirada pueda alcanzar...

Cuando oigas que los pájaros cantan, quédate en silencio y, simplemente, disfruta de su canto, ellos cantan porque son felices.

Cuando sientas la lluvia que cae, deja que te moje, y cuando salga el sol, siente cómo acaricia tu piel.

Y, cuando escuches el viento soplar, piensa que sopla trayendo mensaje de paz.

Todo esto está a tu disposición, todo estará al alcance de tu mano; tú sólo tienes que estirar el brazo y tomar lo que desees.

Solamente tienes que estar atento a que nada te pase en vano y a que aproveches cada día que pase como si fuera el último.

Tú elegirás los padres que quieras tener y, una vez que lo hagas, entrarás en un pequeño cuerpo. Entonces, sí, lánzate a la aventura de vivir; si no, te quedarás con nosotros.

Y, cuando estés preparado, tú pídeme nacer y yo te concederé lo que me pidas.

—**¡Ya lo pensé, quiero volver a vivir! Después de todo, es bueno tener otra oportunidad.**

—*¡Bien, muy bien, Francesco! Me alegra tu decisión. Me alegra que te hayas decidido. Yo te envío a la vida con todo mi amor. Te doy mi bendición y te la seguiré dando siempre, así que, cuando quieras, empezarás el regreso.*

—**¡Cuánto antes!**

—*Entonces, me despido de ti, aunque seguiré guiándote desde este lugar.*

¡Te amo profundamente, querido Francesco!

¡Yo también te amo, por todo lo que me has dado, por lo que nos das a todos los seres del mundo!

—*Te amo, hijo mío.*

El Cielo empezó a temblar. Mientras Francesco seguía con los ojos cerrados, sentía cómo las compuertas que antes se habían abierto ahora se estaban cerrando; los sonidos y los aromas se iban disipando.

El calor que lo inundaba era como millones de caricias y de besos.

Sentía éxtasis, plenitud, goce, todo junto.

Esta experiencia había sido grandiosa, y su alma seguía latiendo como el galope de una tropa de caballos.

—*Abre los ojos* –le dijo el maestro.

Francesco, con mucho esfuerzo, fue abriendo sus ojos, emocionado.

Respiró profundamente, como queriéndose tomar todo el aire del Cielo; sintió que todo le daba vueltas. Hasta que, poco a poco, fue armonizándose y volviendo al equilibrio anterior.

Se puso de pie, acomodó sus alas y, todavía en el círculo que formaba el arco iris, miró hacia arriba y se volvió a comunicar con Dios, esta vez desde el pensamiento, y dijo: **"*gracias, infinitas gracias*"**.

23

Viaje a la vida

Emocionado aún, el maestro le hizo señas de que ya podía dejar el círculo.

—Acompáñame, ha llegado la hora; ven, vuela conmigo y sígueme. Nos detendremos cuando veas unas arcadas de destellos dorados.

—**¿Me dirás a donde vamos?**

—Vamos a la vida.

—**¿Cómo es nacer?**

—Como morir: cuesta un poco, pero tú sabes que es todo una gran aventura.

—**Allí están los arcos, ¿y ahora qué hacemos?**

—Viajamos.

—**¿Y todas esas almas en fila?**

—Están esperando para nacer.

—**¿Y a mí me tocará pronto?**

—¿Estás apurado?

—**No, ansioso.**

—Deja que cada uno tome su lugar; ya te tocará a ti.

—**Mira, ¡allí adelante está Rosario! ¿Cómo es que está aquí? Ella iba a volver antes que yo.**

—Ella quiso esperarte.

—**Déjame que le avise que aquí estoy.**

—Ella ya lo sabe.

—**Entonces, deja que vaya a saludarla; quizás podamos nacer juntos.**

—¡Espera, espera! Deja que ella elija dónde nacer; si no, influirás sobre esa decisión.

—**Pero, si ella me estuvo esperando, significa que quiere estar conmigo.**

—Deja las cosas así; cuando vuelvan a la vida tendrán la posibilidad de encontrarse, si es parte del camino de cada uno. Y, si no es así, entonces volverán a encontrarse de vuelta aquí.

—**Deja saludarla; si ella me esperó, se lo merece; después de todo, sigo siendo un espíritu libre y puedo elegir.**

—Pero perderás tu lugar y yo no te lo guardaré.

—**Eso no importa, esperaré más si es necesario. ¡Rosario, Rosario!**

Pero Rosario ya estaba traspasando el arco de la vida y, como quien ve una estrella caer del firmamento, así vio Francesco a Rosario viajar hacia la vida.

Rosario, convertida en un rayo azul, alma pura, fue a nacer, a morar a un cuerpo, a una vida nueva.

Y Francesco volvió a su lugar y, sin emitir sonido, se acomodó al lado de su maestro.

Y su maestro respetó ese silencio.

Acompañó a Francesco, paso a paso, a medida que la fila iba avanzando y avanzando.

—*Adelante, Francesco, mira hacia abajo; elige dónde quieres nacer:*

—**En el mismo lugar, en Italia; esta vez quisiera que sea Florencia. Siempre me gustaba pasear por las calles de la bella Florencia.**

El maestro chasqueó sus dedos y le mostró los rostros de muchas personas, hasta que a Francesco le llamó la atención una pareja joven y dijo:

—**Quiero estos padres.**

—*¿Por qué quieres estos padres?*

—**No sé, les veo cara conocida.**

—*¿Sabes quiénes fueron?*

—**No.**

—*Fueron tus hermanos en una vida anterior.*

—**¿Por eso los he elegido?**

—Uno siempre está cerca de los seres que elige, aunque cumplan diferentes roles.

—**Yo los quiero a ellos: algo me dice que ése es el lugar.**

—Serán sumamente protectores y exigentes, pues serás único hijo; ellos te amarán mucho más que los padres que tuviste antes, a los que tú llamaste "abandónicos".

Te cuidarán tanto que te ahogarán; no será fácil convivir con ellos, porque es más difícil defenderse de padres que te ahogan de amor que de los que te dejan solo.

Tu padre vivirá poco, pero te dejará los mejores recuerdos, los más profundos.

Tu madre querrá que tú la acompañes siempre, y tú le enseñarás a fortalecerse y sentirse bien, aunque esté sola.

Porque tú serás como un pájaro: querrás ser libre e irás por la vida sin rumbo.

—**Me estás contando todo; así no sirve.**

—No te preocupes; de esta conversación, sí te olvidarás. Ahora elige: ¿quieres estos padres o prefieres otros?

—**Me gustan los desafíos: elijo estos.**

—Bien, amigo; entonces respira profundamente, gira y gira en el sentido de las agujas del reloj, hasta convertirte en un rayo; da un paso hacia delante y cae hacia la Tierra, nace, busca una nueva vida.

Ahí tienes otra oportunidad para ser feliz.

Acuérdate de que en la vida vas a caer, vas a tropezar, pero siempre ten la intención de volver a levantarte, para seguir tu marcha.

Vivir es fuerza, coraje y decisión. ¡Adelante! ¡Te deseo lo mejor!

Nosotros escribimos las páginas del libro de nuestra vida.
Todo el tiempo elegimos el modo de llenarlas.
Algunas son más alegres que otras.
A veces, dejamos demasiados espacios en blanco.
Otras, dejamos capítulos inconclusos.
Nosotros tenemos el poder de seleccionar los sueños
que nos gustaría vivir.
Pongamos amor, fuerza, actitudes positivas,
para que el libro de cada uno tenga un final feliz en esta
vida.

La Licenciada Yohana García es la escritora de la historia que se convirtió en radionovela y conmocionó a su público. Es escritora de prestigio internacional, gracias también al éxito obtenido en sus talleres y seminarios.

Yohana considera que los milagros existen y que, para poder ser parte de ellos, debemos ubicarnos en sintonía con el universo y nuestros guías espirituales.

Además, es sanadora y lectora en Registros Akáshicos, e imparte en Argentina y México cursos de Trainers Internacional en Programación Neurolinguística y de P.N.L. Espiritual, de la que es creadora; es metafísica, investigadora y especialista en terapia del alma.

Actualmente, Yohana García reside en Argentina y México; viaja impartiendo conferencias, cursos y consultas personales, además de intervenir y colaborar con numerosos medios de comunicación.

Para comunicarse con ella:
En Argentina: (54-11) 4632-4874
En México: (52-55) 5538-4273
Correo e.: consultas_yohana@yahoo.com.ar